OHSAMA BUNKO

時間を忘れるほど面白い「世界の神話」

博学面白倶楽部

三笠書房

はじめに……時と場所を超えた、「人間の真実」がここに！

ひげをたくわえた魔法使い、筋骨たくましい英雄、囚《とら》われた姫、見た者を石に変える怪物……。

ゲームや小説でおなじみのこんなキャラクターたちが、**もとをたどれば神話の登場人物であること**をご存じだろうか。

また、パンドラの箱、ジークフリート、アーサー王と円卓の騎士、ギルガメシュ叙事詩など、はるか昔の人々によって生みだされた神話の中の言葉は、いまを生きる私たちの生活にも深く根づいている。

世界中の人々が何千年にもわたって語り継いできたそんな神話のなかから、この本では**ギリシャ、北欧、ケルト、インド、エジプト、オリエント、中国の七大神話**を取り上げていく。

ギリシャ神話は夜空を彩る星空の神話としておなじみだろう。占いでよく聞かれる十二の星座にも、それぞれにまつわる神々のエピソードが秘められている。

北欧神話やケルト神話は、ファンタジー系のRPGなどに登場するような武器や魔法のアイテムの宝庫だ。映画にもなったファンタジー小説の名作、『指輪物語』を思い起こさせる魔法使いや騎士が次々に登場し、めくるめく冒険を繰り広げる。

さらに、**インド、エジプト、オリエント（メソポタミア）、中国の神話**は、人間の歴史がはじまったとされる四大文明によって育まれたものだ。

多くの物語の原点であり、かつ人間の歴史とともに歩んできたこれらの7つの神話は、**神話のなかの神話**といっていいかもしれない。

本書では、この7つの神話の数々のエピソードのなかから、選び抜かれた名場面をご紹介する。この一冊によって、重要人物、重要場面、そのすべてをたっぷり楽しむことができるだろう。

神話とは、単なるおとぎ話ではない。

さまざまな神話を並べて読んでみれば、**いくつかの神話でテーマやモチーフに共通点があること**に気づく。

たとえば、ギリシャ神話の神オルフェウスが、妻を探して冥府《めいふ》に下る物語は、日本の神話のイザナギの黄泉《よみ》行きを連想させる。

また、エジプト神話でイシスが処女のまま神の子を身ごもったというエピソードは、キリスト教の受胎告知、すなわちイエス・キリストを身ごもった聖母マリアの物語に重なるだろう。

こうした、**時と場所を隔てた神話のあいだの不思議なつながり**は、今なお世界中の研究者たちが目を輝かせるテーマとなっているのだ。

神話とは、わくわくするような冒険や恋愛の物語であると同時に、**古代から現代にいたるまで変わることのない人間の性《さが》が描かれているもの**でもある。

人間の情愛の美しさばかりでなく、憎しみが巻き起こす**醜《みにく》い一面**、自らのためなら他人を顧《かえり》みない**恐ろしい一面**……。

そこには「人の世のすべて」が隠すことなく綴《つづ》られているのである。

数千年の時を経ても、移り変わらないものが、神々の姿を借り、魅力的な筋立ての「神話」として、私たちの前に立ち現われてくる――。

そんな奥深い「神話」の世界を、ご案内しよう。

博学面白倶楽部

目次

1章 ギリシャ神話
「神話」の超定番！　人間くさい神々たちの饗宴

2章

北欧神話

「滅び」を宿命づけられた戦闘派の荒ぶる神々

3章 ケルト神話

まさに「ファンタジー」! 魔法や騎士が大活躍

4章

インド神話

個性豊かな神々が暴れまわる「混沌」の世界！

5章 エジプト神話
ナイル川が生み出す驚きの死生観

6章 オリエント神話

「世界最古の神話」と失われた文明

7章

中国の神話

「人間」と「神」はここまで近しいものだったのか⁉

本文イラスト 川島健太郎

1章

ギリシャ神話

「神話」の超定番！
人間くさい神々たちの饗宴

ギリシャ神話は、いわば神話界のエースである。その全容をよく知らない人でも、冬の夜空に浮かぶオリオンの物語、北の空に位置するカシオペアの物語などを聞いたことがない人はいないだろう。また、ゼウスやアテナといった神々の名前は、テレビゲームやファンタジー小説などで耳にしたことがあるに違いない。

そんなギリシャ神話の成立の背景と、神話世界のはじまりとなる創世神話を紹介しよう。

ギリシャ神話は、古代ギリシャ文明から生まれた神話体系だ。

よく知られているように、古代ギリシャはひとつの国として成立していたわけではない。個々の都市国家（ポリス）が、それぞれ同盟を組んだり、ときには戦争をしたりしながら、「われわれはギリシャ人である」という共通理解のもとでゆるやかにまとまっていた。

そして、そのまとまりの根拠となっていたのが、言葉と、「同じ神々を崇《あが》めている」という意識だったと考えられる。それは、現代にも残るオリンピックが当時から

「平和の祭典」という宗教的儀式で、戦争中であっても休戦して参加したという事実からも明らかだ。

◉ギリシャ神話を形づくる「3つの流れ」

ギリシャ神話を構成するエピソードは、大別すると「創世神話」「神々の物語」「英雄たちの物語」という3つに分けることができる。大きな流れでいえば、世界がつくられ、そこで神々が人間くさい喜怒哀楽を表現し、そして半神半人、さらに人間の英雄が怪物を退治するという流れである。

神話によると、ギリシャ神話の始祖神は大地の神ガイアだった。はじめ、世界はガイアの子供たちであるティタン（タイタン）神族が支配していた。しかしゼウスをはじめとするオリュンポス神族がティタン神族に戦いを挑み、長い戦争の末に支配権を奪取し、ティタン神族は神話世界から退場する。

その経過を描いたのがティタノマキアと呼ばれる一連の神話群なのだが、詳細は次のページ以降に譲ろう。

ギリシャ神話の流れ

Ⅰ

世界の始まり

混沌＝「カオス」から大地の女神ガイアやエレボス（闇）、エロス（愛）など原始の神々が誕生。ガイアが天空の神ウラノスや海、山々を産み、世界が形成される。

Ⅱ

ウラノス追放

ガイアとウラノスから、ティタン神族が誕生。しかし、ひとつ目の巨人キュクロプスなどが生まれると、ウラノスはこれを奈落へと封じ込める。怒ったガイアは、子クロノスに命じ夫ウラノスの支配権を奪う。

Ⅲ

ゼウスの誕生

クロノスが世界の支配権を握るも、その座を奪われることを警戒し、子供たちを次々に呑み込む。ただひとりゼウスだけが父クロノスの手を逃れ、やがて兄姉を救い出す。

Ⅳ

ティタノマキアとギガントマキア

ゼウスたちはクロノスらティタン神族に戦いを挑み、勝利を収める（ティタノマキア）。ティタン神族は追放され、今度は激怒したガイアによってギガントマキアが勃発。

Ⅴ

人間の誕生

ギガントマキアで、ヘラクレスが活躍。オリュンポスの神々が勝利する。人間たちはその後、5つの世代を経るなかで次第に劣化していく。

◀

Ⅵ

プロメテウスとパンドラの箱

プロメテウスによって人間は火を手にする。豊かになっていく人間に、ゼウスはパンドラを送り込み、あらゆる災いが人間の世に降りかかる。

◀

Ⅶ

ゼウスと英雄たち

ゼウスは多くの女性と恋愛関係を持ち、子孫を増やす。ゼウスの子らはやがて英雄や王へと成長。一方で、ゼウスの妻ヘラは嫉妬からさまざまな騒動を巻き起こした。

◀

Ⅷ

トロイア戦争

神々のいさかいをきっかけに、英雄たちが一堂に会して戦いを繰り広げる、トロイア戦争が勃発。長い戦いの末にトロイアはオデュッセウスによる「木馬の計略」により陥落。

1 雷を武器に神々が争う！天界の大戦・ティタノマキア

父に反旗を翻す、最高神ゼウスが引き起こした10年戦争

ギリシャ神話の有名人といえば、最高神ゼウス。その生い立ちはじつに数奇だ。ゼウスはティタン神族の長であるクロノスの息子だ。クロノスは、母・大地母神ガイアと結託して父・天空神ウラノスを追放。その結果、クロノスが神々の頂点に立った。だが、ウラノスは王座から追われるさい、クロノスに**「おまえもまた、己《おの》が子に王座を奪われるだろう」**という予言を残す。

この予言に怯《おび》えたクロノスは、妻である女神レアが子供を産むたびに、我が子を片っ端から呑み込んでしまう。こうしてヘスティア、デメテル、ヘラの三女神、そしてハデスとポセイドンを次々に呑み込んだ。だが、妻レアが6番目に生まれたゼウスを石とすり替えたため、ゼウスは間一髪助かる。

クレタ島でニンフたちに養育されたゼウスは、成長するとガイアから授けられた薬をクロノスに飲ませ、兄弟神を吐き出させることに成功した。兄弟たちはゼウスに協力を誓い、オリュンポス山を拠点として**クロノスとその配下のティタン神族たちに宣戦布告**。こうしてはじまったのが、オリュンポス神族とティタン神族の戦いである**ティタノマキア**だ。マキアとは「戦い」という意味である。

圧倒的な破壊力でティタン神族を打ち倒す

両軍の戦力は拮抗《きっこう》しており、戦いは容易には決着しなかった。激しい戦いが10年ものあいだ続いたという。苦戦するゼウスに救いの手を差し伸べたのは、またしてもガイアだった。かつて彼女がウラノスとのあいだにもうけながら、醜さを父に嫌われて封印された3体のヘカトンケイル（100の手を持つ巨人）と3体のキュクロプス（ひとつ目の巨人）を味方にすれば勝てると助言。そこで、ゼウスは彼らを解放する。キュクロプスたちは、助けてもらった礼にゼウスたちに武器を作って献上した。

これにより、ゼウスは万物を破壊し尽くす雷霆《らいてい》を、ポセイドンは大海と大陸を支配する三叉《さんさ》の矛《ほこ》を、ハデスは姿の見えなくなる兜《かぶと》を手に入れる。

強力な武器と心強い味方を得たオリュンポス神族は、長らく続いた戦争に決着をつけんとティタン神族に戦いを挑んだ。戦場でポセイドンは三叉の矛で大海と大地を揺らし、ハデスは兜の力で姿を消すとティタンたちの武器を奪った。100の腕を持つヘカトンケイルたちは巨石を雨あられと降らせ、敵を攪乱《かくらん》した。

なかでもとくに活躍をしたのは、やはりゼウスであった。ゼウスが雷霆を投げつけると、眩《まばゆ》い雷光がティタン神族の目を焼き、視力を奪った。このゼウスの猛攻の前にはティタン神族も抗しきれず、神々の大戦はオリュンポス神族の勝利に終わる。

ティタン神族たちは不死身であったため、クロノスたちは冥界よりさらに下、**奈落を意味する「タルタロスの深淵」へと封印された。**その後、ゼウスは姉であるヘラを妻にし、ゼウスが天を、ポセイドンが海を、ハデスが冥界を統《す》べるというオリュンポス神族による新秩序が構築される。

もうひとつの神々の大戦――ギガントマキア

ティタノマキアがゼウスたちの勝利に終わったことで、世界には平和が訪れたかと思われた。だが、これまで再三ゼウスの味方をしてくれていたガイアが、ゼウスのテ

イタン神族への過酷な扱いに腹を立て、オリュンポス神族を滅ぼそうと決意する。
ガイアは切り落とされたウラノスの男性器から流れた血と交わり、両足が蛇《へび》の尾の形をした巨人（ギガンテス）たちを次々と産み出した。そして、この新たな子らにティタン神族の仇《あだ》を討つよう命じた。このようにしてはじまった戦いが、**ギガントマキア**である。
ギガンテスは「神には殺せない」という特殊能力を持っていたためゼウスたちは当初苦戦するが、人間の英雄ヘラクレスの力を借りることで撃退。この勝利により、ようやくオリュンポス神族たちの支配体制が完成する。

2 かつて人類は神ほどに長命だった!?

「金」「銀」「青銅」「英雄」「鉄」……5種類の人類

「人間の誕生」といえば、もっとも有名なのはキリスト教の物語だろう。ここでは、最初の人間、アダムとイヴは神がつくった、ということが広く知られている。だが、ギリシャ神話では、人間の誕生についてはあまりはっきりと語られていない。一般的に古代ギリシャ人は、「人間は土から生まれた」と考えていたようだ。ようするに、**神によってつくられたのではなく、自然発生的に誕生した**と考えていたのである。

神々も大地（ガイア）から生まれている。そういう意味で、**ギリシャ神話においては神と人間は兄弟**なのだ。単に神のほうが圧倒的な力を持っているというだけで、出自自体に大きな違いはない。だからこそ、神と人が交わり、半神半人の英雄なども誕生するのだろう。

ただ、紀元前7世紀ごろの古代ギリシャの叙事詩人ヘシオドスは、人間の誕生について、また別の神話を残している。この詩人によれば、人間は神につくられたものであり、さらに金の種族や銀の種族、青銅の種族など、さまざまな種族がいたという。

新しくなればなるほど劣化していく人類の「質」

金の種族は、ティタン神族のクロノスが世界を支配していた時代につくられた最初の人間である。彼らは神によく似ており、長い寿命を誇っていた。また彼らの社会は平和であり、幸福に満ちたものだったとされる。

その後、ゼウスにより、銀の種族が、次いで青銅の種族がつくられたが、それらはのちになるほど劣ったものであった。そのため、ゼウスは彼らをすべて滅ぼしてしまったという。あるいは、青銅の種族は互いに争って自滅してしまったともいう。

そして、その次にゼウスにつくられた鉄の種族こそが、現代の私たちにつながる人間たちということになっている。ちなみに、この青銅の種族の時代と鉄の種族の時代のあいだに、**「英雄の時代」**と呼ばれるものがあり、それこそが半神半人の英雄たちが活躍したギリシャ神話のおもな舞台となっている。

3 永遠の罰を受けるプロメテウスの罪

人間にもたらされた「火」。それは不幸のはじまりだった⁉

ギリシャ神話では、人が「火」を手にした経緯もドラマチックだ。

ここで登場するのは、オリュンポスの神々よりも古い世代の神である**プロメテウス**。だが、ティタノマキアに参加しなかったことから、クロノスたちが追放されたあとも、ゼウスたちオリュンポス神族たちとともに暮らしていた。

ところで、そのころ人間はまだ「火」の存在を知らなかったが、ゼウスは人間には「火」は不必要であるとし、与えようとしなかった。そのため、人間たちは獣《けもの》に脅《おびや》かされ、寒さに震えながら生きていた。

その様子を見て哀れに感じたプロメテウスは、鍛冶《かじ》の神へパイストスの作業場の炉から炎を盗み出すと、地上に降りて、人間たちに「火」を渡した。これにより、人間は暖を取ることを覚え、食べ物を煮たり焼いたりして調理することを知り、火を使った文明を築いていく。ところが、それと同時にゼウスの危惧は現実のものとなった。火を使って武器を作り、戦争をはじめて互いに殺し合うようになったのだ。

不死ゆえに永遠に続く地獄の苦しみ

人間たちが「火」を使うようになったことを知り、怒ったゼウスは、プロメテウスを捕えると、カウカソス山の山頂に磔《はりつけ》にし、生きたまま毎日肝臓をワシについばませるという罰を与えた。

プロメテウスは不死であったため、どんなにワシに肝臓を貪《むさぼ》られても、夜のうちには再生してしまい、また次の日に同じ責め苦を味わうこととなった。この罰の刑期は、3万年以上とも、それ以上であったともされている。

一説には、プロメテウスはゼウスの未来についての予言を知っており、それを教えれば解放するとゼウスに言われたが、拒《こば》んだという。そのため、この罰は永遠とも思われる年月続いた。だが、のちにヘラクレスが黄金のリンゴを手に入れるさい（52ページ）、プロメテウスの助言を得る代わりに、彼を解放したと伝えられている。

4 開けてはいけない「パンドラの箱」は人間へのおしおきだった!?

怒りの治まらないゼウスが、火を得た人間に送った災い

「触れてはいけないものに触れてしまう」ことを、「パンドラの箱を開く」という言い方をすることがある。これは、次のようなギリシャ神話のエピソードに由来する慣用句だ。

プロメテウスが天界から火を盗んで人間に与えたことに怒ったゼウスは、人類に災いをもたらすため、**パンドラという女性を送り込む**ことにした。パンドラは、一説には女神であるとも、鍛冶の神へパイストスが泥からつくった人間の女性であるともされている。また、この世に誕生した最初の人間の女性であるともいう。

ともあれ、パンドラはプロメテウスの弟であるエピメテウスのもとへと遣わされるが、そのさい、「絶対に開けてはいけない」と言い含められながら、ひとつの箱をも

たされた。これが、いわゆる**パンドラの箱**である。

人類に最後に残されたものは……「希望」

エピメテウスは兄のプロメテウスから「ゼウスからの贈り物は、けっして受け取ってはいけない」という忠告を受けていた。だが、パンドラの美しさに心を奪われ、彼女と結婚してしまう。

それからしばらくしたある日、パンドラは「開けてはいけない」と言われていた箱を、好奇心に負けて開けてしまった。すると、そのとたん、箱のなかから疫病《えきびょう》や悲嘆、欠乏、犯罪など、あらゆる災厄が飛び出して地上に広がっていった。パンドラは慌《あわ》てて箱のふたを閉めたが間に合わず、その結果、世界には災厄が満ちあふれ、人々は苦しむことになったという。

ただ、パンドラの箱の底には、ひとつだけ飛び出さなかったものがあった。それは、**「希望」**である。そのため、人間は希望を失わずに生きていけるのだともいわれている。

ちなみに、本来パンドラがゼウスからもたされたのは、「箱」ではなく「壺《つぼ》」であったという。それが、いつしか箱ということになったようだ。

5 恋多き神・ゼウスの「誘いの手口」とは？

圧倒的な破壊力を誇る神は好色な神でもあった

ギリシャ神話の主人公といってもいい、**最高神ゼウス**。最高神というからには、さぞ厳格な神なのだろう……と思いきや、じつは気に入った女性を片っ端から誘惑し、結婚と離婚を繰り返す好色な神でもある。

ゼウスの正妻といえばヘラだが、彼女はじつは3番目の妻であった。彼の最初の妻は、ティタン神族の女神メティスだ。しかし、メティスの産む子が自身を脅かすという予言を知ると、ゼウスは彼女を呑み込んでしまった。つづく2番目の妻のテミスもティタン神族の女神だったが、彼女との結婚中にゼウスはヘラと出会い、手を出してしまう。そして、ヘラから結婚を迫られたゼウスはテミスを離縁し、ヘラを正妻としたのである。

以後、ゼウスはヘラを恐れていたこともあり、別の妻をめとることはなかったが、浮気は何百回としている。

動物に変身して女性を安心させる

あるときゼウスはイオという美女と浮気をしていた。だが、ヘラに見つかり、詰め寄られてしまう。そこでゼウスはイオを美しい雌牛に変え、ただ雌牛を愛でていただけと苦しい言い訳をした。するとヘラは、「ただの雌牛ならば自分がもらってもいいだろう」と言い張り、ゼウスから取り上げてしまったという。

またあるとき、ゼウスはスパルタ王の妻であったレダに恋をした。一計を案じたゼウスは白鳥に変身すると、鷹《たか》に追われるふりをしてレダの腕に隠れた。それから正体を現し、交わってしまったとされる。

フェニキア王の娘エウロペに一目惚れをしたこともある。ゼウスは白い雄牛へと変身し、彼女を背中に乗せて連れ去ると、世界中を走り回った。そして、最後にクレタ島で彼女と交わっている。ちなみに、エウロペがゼウスに連れられて駆け回った広大な地域は、のちに彼女の名前にちなんでヨーロッパと呼ばれるようになった。

6
「美少女誘拐事件」母デメテルの怒りが○○を生んだ！

娘を冥界に連れ去られた女神が天界を捨てたとき……

我々が当然のように思っている四季の移り変わりも、ギリシャ神話ではとある事件がきっかけで生まれたものだとされている。

ゼウスの姉にあたる豊穣《ほうじょう》の女神デメテルが、その事件の張本人だ。デメテルにはペルセポネという娘がいたが、これはゼウスに無理やり迫られて交わり生まれた子。デメテルは愛する恋人を嫉妬にかられたゼウスに殺されたこともあり、ゼウスとは不仲だったが、ゼウスとのあいだに生まれたペルセポネのことは溺愛《できあい》していた。その愛娘があるとき行方不明になってしまう。

心配になったデメテルが、女神ヘカテに娘の行方を尋ねてみると、**「ペルセポネはハデスによって、地上の下にある冥界に連れ去られた」**という。さらに、デメテルは娘がさらわれてしまった原因が、ゼウスにあることを知る。

「冥界の王」に見初められた乙女

それよりしばらく前のことである。冥界の神であるハデスは、ニューサという土地で花を摘んでいたペルセポネを偶然見かけ、恋に落ちてしまう。しかし、ゼウスとは違い、紳士的だったハデスは強引に迫ることなく、ペルセポネの父であるゼウスに結婚の許可を求めに行った。

すると、ゼウスはデメテルに相談せずに、この結婚を認めてしまったのだ。父親の許諾を得たハデスは喜び、水仙の花を使ってペルセポネを誘い出すと、大地を引き裂いて彼女を冥界へと連れて行ってしまった。

これらの事情を知ったデメテルがゼウスに抗議すると、ゼウスは「冥界の王であるハデスならば夫として不釣り合いではないだろう」と、平気な顔で言い放った。その言葉を聞いたデメテルは激高。豊穣の女神としての職務を放棄し、天界を捨てて地上に降りてしまう。

地上に降りたデメテルは老婆の姿になり、各地を放浪した。いっぽう、天界から豊穣の女神がいなくなったことで、地上には穀物が実らなくなり、大地は荒廃した。

困り果てたゼウスは、デメテルに天界に戻るよう説得したが、彼女は怒りを解かず、娘が帰ってくるまで自分も天界に戻らないと告げた。そこで、ゼウスはハデスにデメテルの意向を伝え、ペルセポネを地上に帰還させるように頼んだ。

また、ハデスのほうもペルセポネを冥界に連れてきたまでは良かったが、彼女が母親と地上を恋しがって泣いてばかりいるので弱っていた。このままではどうにもならないと判断したハデスは、ゼウスの頼みに応え、ペルセポネを帰すことにした。

愛する娘が帰ってきたことにデメテルは喜び、自身も天界へと戻っていった。これにより、大地は再び豊穣と実りを取り戻したのである。

ただ、この事件は、まだ終わってはいなかった。

「四季」は冥界のザクロを食べて生じた！

ペルセポネは無事地上に戻ってきたものの、冥界にいるあいだに、そこでザクロの実をいくつか食べてしまっていた。**冥界の食物を一度でも口にした者は、冥界の住人にならなければいけない**という定めがある。これは、神も人間も守らなければいけな

愛憎うずまく神々の関係

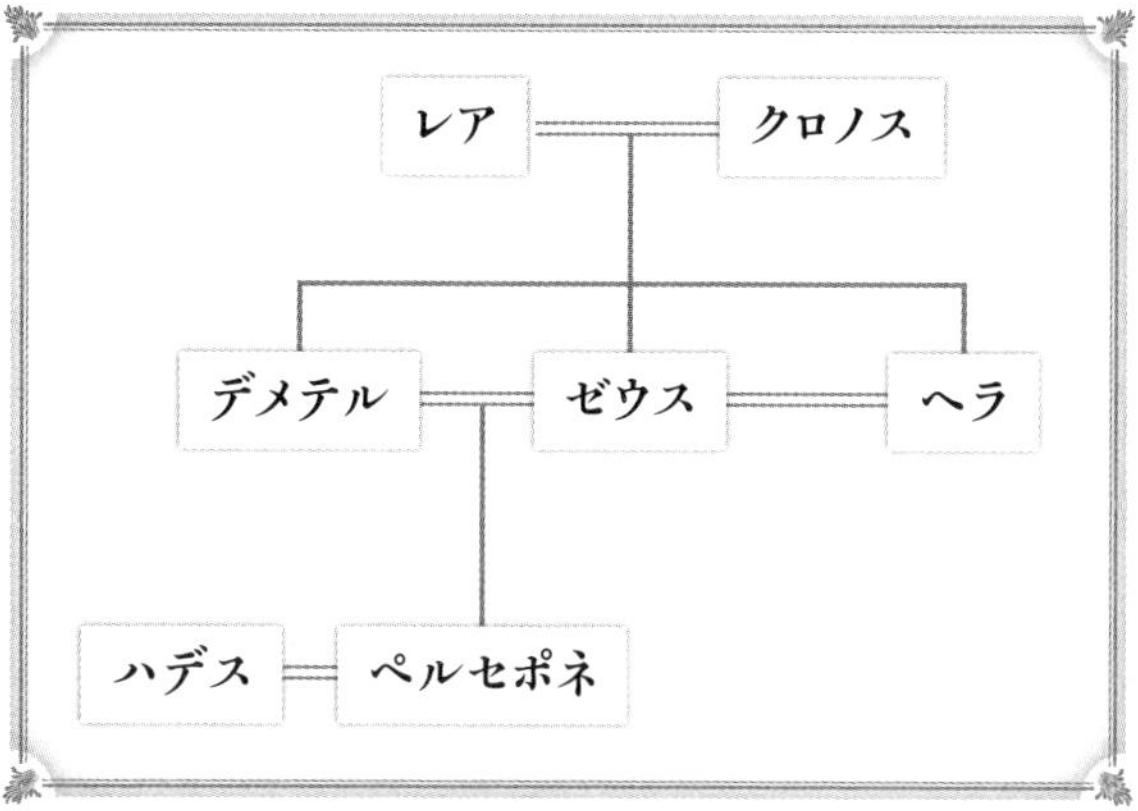

い掟《おきて》であった。つまり、ルールに従うならば、彼女を冥界に戻さなければならないのだ。

　当然、デメテルはそんなことは認めなかったが、オリュンポスの秩序も守らねばならない。ゼウスと神々は相談をし、ペルセポネに**1年の半分をデメテルのもとで過ごし、残りの半分をハデスとともに冥界で暮らす**よう命じた。

　その代わり、デメテルは、ペルセポネが冥界にいるあいだは地上に実りをもたらさなくてもいいということになった。

　これにより、地上では実りのある時期とない時期が生まれ、**四季が生じるようになった**と伝えられている。

7 天界の「美女と野獣」カップル・ヘパイストスとアフロディテ

鍛冶の神は、その醜さゆえに愛を得られなかった

ギリシャ神話にも**「美女と野獣のカップル」**が存在していた。だが、おとぎ話のそれとは異なり、このカップルは悲劇的な破局を迎えることとなる。

ヘパイストスはゼウスの盾であるアイギスや、アポロンとアルテミスの矢など神々の武具を作ったことでも知られている鍛冶の神だ。

生まれたときから足が不自由で醜かったため、実母ヘラはヘパイストスを嫌った。そして、見るのも嫌だとばかりに、生まれたばかりの赤ん坊を天から海に投げ落としてしまったのである。

幸運にも海の女神に拾われ、育ててもらったヘパイストスは、のちに天界へと帰っていく。しかし、母親との関係はこじれたままであった。

冷たい母への報復

こうして神々に加えられたヘパイストスだったが、ヘラからの冷遇は続いていた。彼女は、ヘパイストスが自分の子であることも認めようとしなかったのだ。そのことに不満を抱いていたヘパイストスは、あるとき黄金でできた豪華《ごうか》な椅子をヘラに贈る。

美しい椅子を見たヘラは上機嫌となり、思わず椅子に座ってしまった。すると突然、体が拘束され、身動きができなくなってしまった。ヘラがヘパイストスに拘束を解くよう命じると、ヘパイストスは、「自分をあなたの子であると認め、神々の前で紹介してください」と告げた。

ヘラは醜いヘパイストスを我が子とは認めたくなかったが、このままではどうしようもない。仕方なく神々の前で彼が自分の子であると宣言した。だが、その言葉を聞いてもヘラがその場しのぎで言っているだけだと感じたヘパイストスは、さらに**「美の女神であるアフロディテと結婚させてくれれば解放する」**と告げる。助かりたい一心のヘラはこれも了承。こうして、**もっとも醜い神ともっとも美しい女神の結婚が成立した**のである。

ただ、これには異説もあり、ヘラのほうからヘパイストスにアフロディテとの結婚を勧めたという言い伝えも残されている。醜いヘパイストスと美しいアフロディテの結婚生活がうまくいかないことを見越して、わざと2人をくっつけようとしたというのだ。このあとの夫婦関係を考えると、こちらの説のほうが正しいのかもしれない。

妻の浮気に対する鍛冶の神の復讐

神々のなかでも、もっとも美しいアフロディテを妻としたヘパイストス。だが、案の定、**妻のほうは夫の醜さを嫌い、たくましい軍神アレスと浮気をしてしまう。**はじめ妻の浮気に気づかなかったヘパイストスだったが、やがてこのことを知ると、激しく落胆し、妻と間男《まおとこ》への復讐《ふくしゅう》を企《たくら》むようになった。

ある日、ヘパイストスは「仕事場に行くので、しばらく帰らない」とアフロディテに告げ、家を出て行った。これ幸いにと、アフロディテはアレスを家に引き込み、2人は寝床に潜り込んだ。すると、そのとたんに突然、見えない網《あみ》で捕えられ、2人は裸で抱き合ったまま動けなくなってしまったのである。

その網は、ヘパイストスがつくった特製の道具で、彼以外には解くことのできない

ヘパイストスの復讐

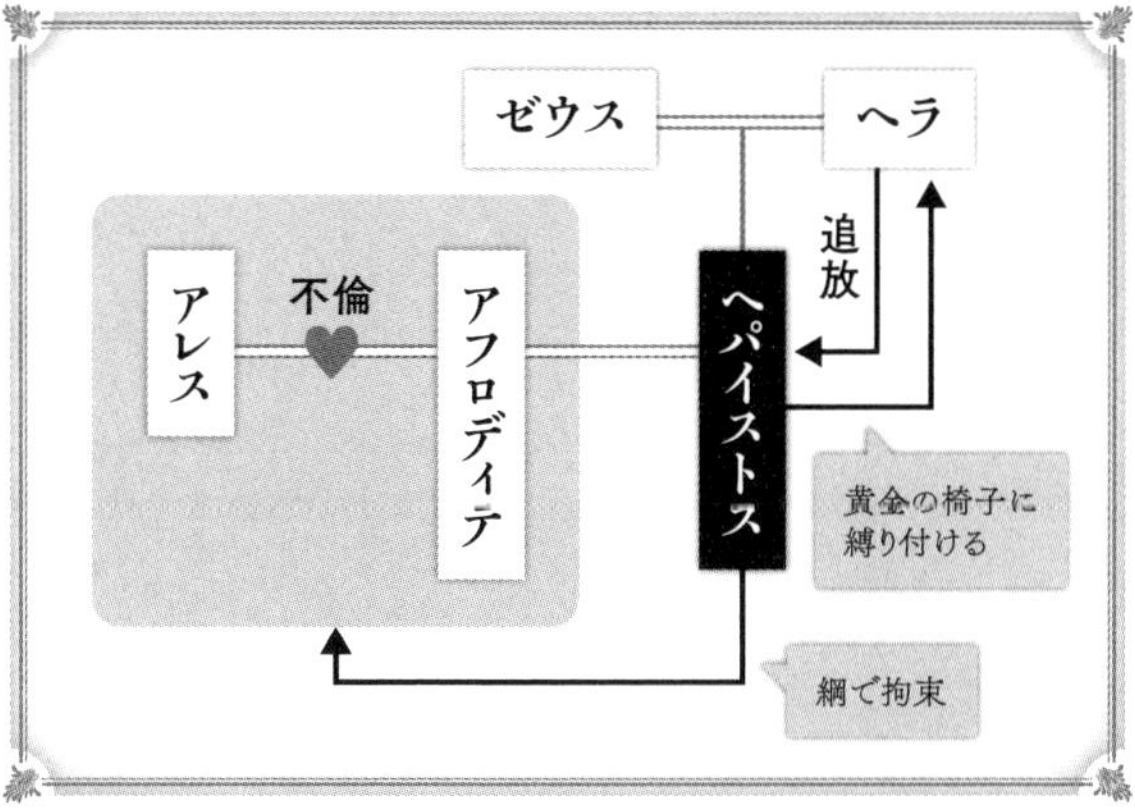

ものであった。
そこにヘパイストスが現われ、ほかの神々も呼び寄せると、網のなかで裸でもがいているアフロディテとアレスを散々笑いものにした。ちなみにこのとき笑っていなかったのは、結婚を仕切ったヘラだけだったとされる。
ようやく解放されると、アレスは恥ずかしさのあまり逃げ出してしまったが、アフロディテのほうは、その場に留まり、静かに微笑んでいたという。
この手の修羅場においては、どうにも女性のほうが強いようである。そんな妻の姿を見て、ヘパイストスは何を感じたのだろうか。

8 「僕の美貌こそが罪」……元祖・ナルシストの少年

自分しか愛せない美少年ナルキッソスが、一目惚れした相手とは？

自己愛が強く、自惚《うぬぼ》れている人のことを「ナルシスト」というが、この言葉は、**ナルキッソスというギリシャ神話の登場人物から来ている。**そのエピソードは、次のようなものだ。

あるところに、たぐいまれなる美しさを誇るナルキッソスという若者がいた。彼は自分の美貌《びぼう》に自惚れており、傲慢《ごうまん》な性格の持ち主であったため、美の女神アフロディテからの贈り物を邪険に扱った。それに腹を立てたアフロディテは、今後彼が絶対に他人を愛することができないようにするという呪いをかけてしまう。

その結果、ナルキッソスに恋をしていた多くの者たちは悲嘆を味わうこととなった。

たとえば、彼を愛していた男性であるアメイニアスは、ナルキッソスの心が自らの愛では少しも動かないことに絶望し、自殺をしてしまった。また、森の精霊であるエコーも、ナルキッソスに捨てられ、悲しみのあまり姿を失い、ただ声だけが残って木霊《こだま》となった。

このように周囲に不幸をまき散らしたナルキッソスだったが、本人はいたって平気だった。そして、ますます自分だけを愛するようになっていく。

水面に映った美しい少年の正体

そんなナルキッソスの傲慢さを憎んだ女神ネメシスは、あるとき彼をムーサの山にある泉に呼び寄せた。

ナルキッソスが水を飲もうと泉に近づくと、水面に美しい青年がいる。それはナルキッソス本人が水面に映った姿だったが、**自分だけを愛しているナルキッソスは、一目でその美少年に恋をしてしまった**。そして、そのまま美しい少年から離れることができなくなり、やがて、やせ細って死んでしまったのである。

また、別の説では水面に映った自分に口付けをしようとして、水死したともいわれている。いずれにせよ、自己愛もほどほどにしたほうがよさそうだ。

9 目を見れば石になる！怪物メドゥーサに立ち向かう若き英雄

戦いを挑む男の華麗なる冒険と悲劇

映画やゲームで、**ペルセウス**をモデルにしたキャラクターを見たことがある人も多いのではないだろうか。ギリシャ神話屈指の人気ヒーローがペルセウスである。

ペルセウスはアルゴス王アクリシオスの娘ダナエとゼウスのあいだに生まれた半神半人の英雄である。アクリシオスは、**「孫によって殺される」**という神託を受けていたため、娘を青銅の部屋に閉じ込めていたが、**ゼウスが黄金の雨に変身して忍び込んでダナエと契《ちぎ》ってしまい、ペルセウスが誕生した**という。

恐れていた孫が生まれたことを知ったアクリシオスだが、どうしても愛する娘とその子を殺すことはできなかった。そこで、仕方なく2人を箱に閉じ込めて川へ流した。やがて、母子はセリポス島に流れ着き、地元の漁師ディクテュスによって救出される。

恐るべき怪物ゴルゴン三姉妹

セリポス島でペルセウスは健やかに成長したが、あるとき島の領主がダナエに恋慕した。領主は邪魔者のペルセウスを遠ざけるため、**蛇の髪の毛を持ち、見た者を石にする怪物ゴルゴン三姉妹のひとり、メドゥーサ**の首を取ってくるよう彼に命じた。

ペルセウスは怪物退治のために知恵と戦いの女神であるアテナと伝令の神ヘルメスに助力を求め、女神アテナからは青銅の盾を、ヘルメスからは金剛の鎌（ハルペー）を授かった。さらに、ニュムペ（精霊）たちから、翼のあるサンダルと袋、ハデスの隠れ兜を借りる。

こうして準備を整えたペルセウスは西の彼方にすむゴルゴン姉妹のもとに赴《おもむ》き、メドゥーサの顔を直接見ずに、**青銅の盾に映し出された怪物の姿を見ながら近づき、その首を取ることに成功した**。眠っていたメドゥーサの姉たちは、妹が殺されたことに気づくと犯人を探し回ったが、ペルセウスはハデスの兜の力で姿を消し、無事逃げ延びることができたという。ちなみに、このときメドゥーサの死体から流れる血から、翼のある馬ペガサスと、クリュサオルという怪物が誕生している。

任務を果たしたペルセウスは、袋にメドゥーサの首を入れると、ペガサスにまたがり、空を飛んで母の待つセリポス島へと帰還しようとした。するとその途中で、岩に縛りつけられているエチオピアの王女アンドロメダを発見する。彼女は海神ポセイドンの怒りを買い、海の怪物の生贄《いけにえ》にされようとしていたのだ。ペルセウスは彼女の父ケペウスにアンドロメダと結婚する許可を得ると、怪物と戦い、見事にこれを倒し、

アンドロメダを救出して彼女を妻とした。

妻とセリポス島に帰還したペルセウスは、母に迫っていた島の領主をメドゥーサの首で石に変え、命の恩人である漁師ディクテュスを島の新たな王に就《つ》けたという。

運命の悲劇により祖父を殺してしまう

その後、ペルセウスは母と妻とともに生まれ故郷であるアルゴスに帰国する。これを伝え聞いたアクリシオスはペルセウスを恐れて逃亡。その結果、図らずもペルセウスはアルゴスの王となった。

それからしばらくのち、ペルセウスはラリッサの街で開かれた競技会の円盤投げ競技に出場する。ペルセウスは自信満々に円盤を投げたが、どういうわけか円盤は狙っ

た方角に飛ばず、観客席に飛び込むと、ひとりの老人に当たって死なせてしまった。
その老人こそが、ペルセウスの祖父であり、先代のアルゴス王であったアクリシオスであった。こうして神託は実現したのである。
意図せず祖父を殺してしまったペルセウスは、そのままアルゴスの王として留まることを善《よ》しとしなかった。そこで、他国の王と領土を交換し、その土地を治めるようになったという。
この英雄の最期についてははっきりしたことはわかっていないが、死後、アテナに導かれて天に上げられ、神になったと伝えられている。

10 迷宮にひそむ謎に満ちた怪物「ミノタウロス」

牛の頭を持つ男と、正義の王子テセウスの勝負の行方は？

クレタ島の迷宮の奥底にひそむミノタウロスは、クレタ島のミノス王の妃《きさき》パシパエが海神ポセイドンの呪いによって生んだ**牛頭人身の怪物**だ。凶暴な性質であったため、ミノス王はこの怪物を名工ダイダロスに築かせた迷宮に閉じ込めてしまった。さらに、当時クレタ島の支配下にあったアテナイから9年おきに、ミノタウロスの食料として7人の少年と7人の少女を送らせることにした。

アテナイの王子であったテセウスは、この生贄の風習に憤《いきどお》りを感じ、父王アイゲウスの反対を押し切って自ら生贄の一員に志願。アテナイの少年少女たちとともに、怪物の待ち受けるクレタ島へと乗り込んでいった。

難攻不落の迷宮を「赤い糸」で攻略！

クレタ島でテセウスはミノス王の娘アリアドネと出会った。アリアドネはテセウスに好意を抱き、赤い麻糸の鞠《まり》と短剣をこっそり手渡してきた。麻糸の鞠は、これまで誰ひとりとして脱出した者のいない迷宮を抜け出すための道具であり、短剣はミノタウロスに立ち向かうための武器である。

いよいよ生贄として迷宮に送られたテセウスは、麻糸の端を入口の扉に結びつけ、糸を少しずつ伸ばしながら進んでいった。やがて、奥からミノタウロスが現われると、テセウスは短剣で果敢に立ち向かい、**この怪物を討ち果たす**。それから、**伸ばしてきた糸を逆にたどり、迷宮から無事脱出することに成功**。テセウスはミノス王の追手をかわしながら、自分を助けてくれたアリアドネとともにクレタ島を出港した。

こうして見事役目を果たしたテセウスだったが、アテナイに戻るさい、無事ならば白い帆を掲げて帰還すると父と約束していたことを忘れ、出港時と同じ黒い帆で帰還してしまう。それを見た父アイゲウスは絶望のあまり、海に身を投げて死んでしまったという。その海はこの王の名にちなみ、のちにエーゲ海と呼ばれるようになった。

11 屈強な英雄、ヘラクレスが唯一勝てなかった相手とは⁉

数々の偉業を成し遂げたスーパースターを待っていた非業の死

「英雄ヘラクレス」と聞いて浮かぶのはどんな姿だろうか。筋骨隆々《きんこつりゅうりゅう》の、たくましい英雄の姿を想像する人が多いだろう。だが、この英雄の最期が「勘違い」によってもたらされたあっけないものであることは、あまり知られていない。

ヘラクレスは、最高神ゼウスとミュケナイ王の娘アルクメネのあいだに生まれた半神半人である。不幸なことに、ゼウスの浮気に対するヘラの怒りは、ヘラクレスに向けられる。ヘラクレスが生まれるとすぐに、ゼウスは我が子に不死の力を与えようとヘラの乳をこっそり吸わせようとした。だが、ヘラクレスの乳を吸う力が強すぎたため、ヘラは赤ん坊を突き放す。このとき飛び散った乳が「天の川」になったという。

この一件は、さらにヘラの憎しみを掻《か》きたて、彼女はまだ乳飲み子であったヘラクレスが眠る揺り籠《かご》に2匹のヘビを放った。しかし、生まれながらにして怪力だった赤ん坊は、素手でこれを絞め殺してしまう。

「地獄の番犬」さえも生け捕りにしてしまう

成長したヘラクレスは、ケンタウロス族のケイロンに師事して武術を学び、天下無敵となった。ところが、ヘラが彼を一時的に狂わせたため、**ヘラクレスは我が子を炎に投げ込んで殺してしまう**。

正気を取り戻したヘラクレスが罪を償《つぐな》うためアポロンの神託を伺うと、「ミュケナイ王に仕え、勤めを果たせ」というお告げが下る。これを受けてミュケナイ王エウリュステウスのもとに向かったヘラクレスは、王の命令によってさまざまな怪物を倒したり、宝物を手に入れるなどの功業を成し遂げた。これが有名な**「ヘラクレス12の功《こう》業《ぎょう》」**である。

具体的には次のようなものである。ます、ヘラクレスは刃物を通さない強靭《きょうじん》な皮を持つ**ネメアの獅子《しし》**を絞め殺した。次いで、レルネーの沼にすむ、9つの頭を持ち猛毒を放つ**水蛇ヒュドラ**を退治。それから、女神アルテミスの聖獣である黄金の角と青銅のひづめを持った**ケリュネイアの鹿**を捕まえ、エリュマントス山にすむ**人食い大猪**も生け捕りにした。その後、3000頭の牛が住み、30年間掃除されたことがなかった**牛小屋**を、川の流れを強引に変えることで清掃。翼、爪、くちばしが青銅でできている**ステュムパーリデスの鳥たち**をヒュドラの毒矢で射落《いお》とし、ポセイドンの送り込んだ**クレータの雄牛**を生け捕りにした。

それからも彼は、**ディオメデスの人喰い馬**を退治し、**アマゾン族の女王**と戦い、怪物ゲリュオンの飼う**紅い牛**を奪い、百の頭を持つ**竜ラドン**を倒して黄金のリンゴを手に入れ、**地獄の番犬ケルベロス**を生け捕りにし、功業を次々と達成していった。

こうして12の功業を果たし、罪を償ったヘラクレスは、ほかにもさまざまな冒険をし、ときには神との戦いにも勝つなどの活躍をしている。だが、最後に待ち受けていた運命は、あまりにも過酷なものであった。

ケンタウロス族の嘘を信じたばかりに……

あるときヘラクレスは、ふとしたことがきっかけでケンタウロス族のネッソスを殺してしまう。ネッソスは死の間際、ヘラクレスの妻デイアネイラに「自分の血は媚薬《びやく》

英雄が進む苦難の道

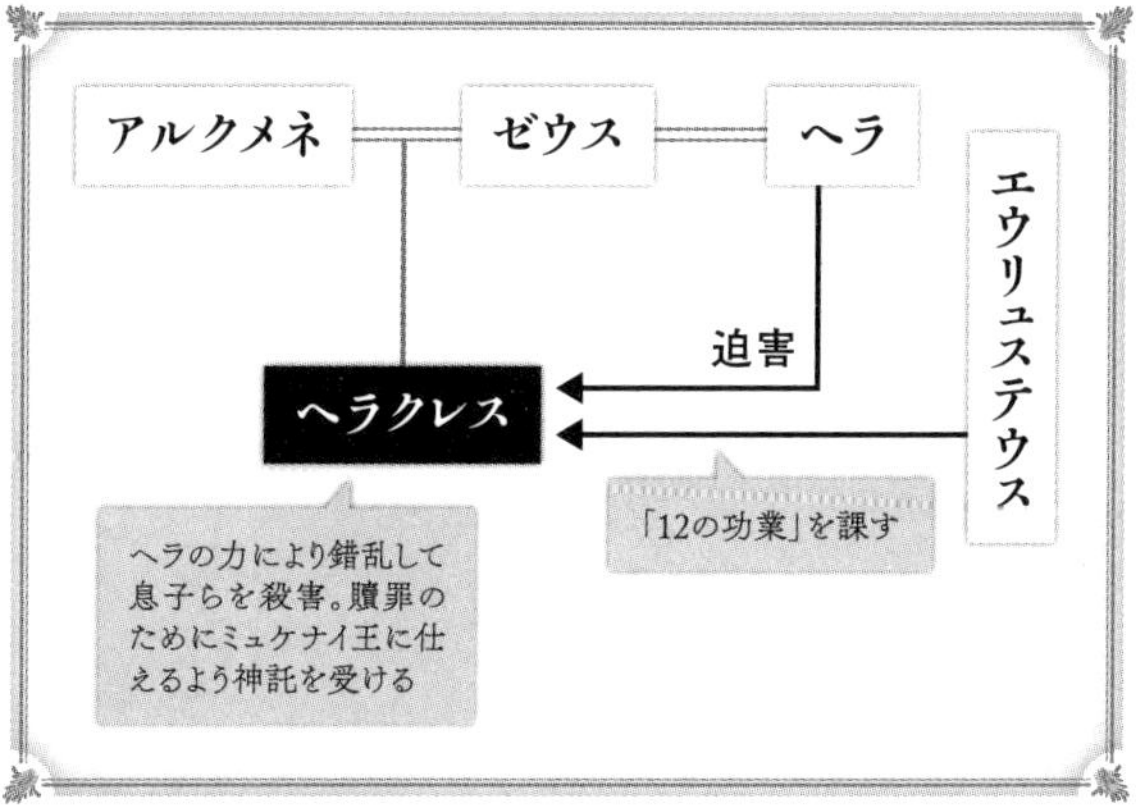

になるので、ヘラクレスの愛を失いそうになったら、彼の衣服に私の血を染み込ませるといい」と言い残した。

それからしばらくして、ヘラクレスが王女イオレを手に入れようとしていることを察したデイアネイラは、ネッソスの血に浸した服を夫に着せてしまう。**ところが、その血は猛毒であり、ヘラクレスは激痛にのたうちまわった。**

そして、苦痛に耐えかねたヘラクレスは木を積み上げ、その上に身を横たえると、火をつけて自らを焼き殺してしまうのである。これを知ったデイアネイラも自殺する。

ただ、ヘラクレスは死後、ヘラにも許され、神々の座に就いたという。

12

妻を愛するオルフェウスが冥府でおかした「過ち」

大切な人を取り戻すためのたったひとつの「約束」とは

オルフェウスという名前を聞いたことのある人は多いだろう。この人物にまつわる物語は、じつは日本の神話と非常に似通ったものである。

オルフェウスは竪琴《たてごと》の名手とされた人物である。彼は竪琴の技をアポロンから伝授され、彼が竪琴を弾くと、森の動物たちや木々や岩までもが耳を傾けたと言われる。

このオルフェウスにはエウリュディケという妻がおり、2人は深く愛し合っていたが、あるとき彼女が毒蛇にかまれて死んでしまう。悲しみにくれるオルフェウスは、愛する妻を取り戻そうと決意し、冥府へと足を踏み入れた。

竪琴を弾きながらオルフェウスが冥府を下っていくと、その悲しげな音色に、冥府の川ステュクスの渡し守《もり》カロンも聴き入り、冥界の番犬ケルベロスもおとなしくなり、そのほかの冥府の人々もみな涙を流しながら魅了された。

やがてオルフェウスは、冥界の王ハデスと妃ペルセポネの前に立ち、竪琴を奏でながら妻を帰してくれるように求めた。その竪琴の哀切な音に心を動かされたペルセポネに説得され、ハデスもエウリュディケを地上に帰すことを了承する。だが、そのさいひとつだけ条件を出した。

「けっして振り返ってはいけない」

ハデスがオルフェウスに出した条件は、**「冥界から抜け出すまで、けっして後ろを振り返ってはならない」**というものだった。この条件を受け入れたオルフェウスは、エウリュディケを後ろに従わせ、地上を目指した。

ところが、もう少しで冥界から抜け出すというところで、オルフェウスは本当に後ろから妻がついてきているのか不安になり、思わず振り返ってしまった。ハデスとの約束が破られ、その瞬間、**エウリュディケは冥府の底へと引き戻されてしまった。**そして、以後二度とオルフェウスは妻と会えなかったのである。ちなみに、このギリシャ神話のエピソードとよく似た日本の神話が、**イザナギの黄泉行き**だ。

13 イカロスの翼が自分勝手な青年にもたらした悲劇

翼を手に空を飛ぶも、父の忠告に耳を貸さなかったばかりに……

「イカロスの翼」が歌詞に登場する歌を、音楽の授業で歌ったことがないだろうか。

イカロスは、伝説的な大工であり発明家であったダイダロスの息子である。ダイダロスはクレタ島のミノス王のもとで、軍船のマストや帆を考案したり、怪物ミノタウロスを封じるための迷宮をつくるなど、大いにその腕を振るっていた。

ところが、あるとき王の怒りを買ってしまい、息子のイカロスとともに高い塔に幽閉されてしまう。イカロスは不安に怯《おび》えたが、父は平気な顔をしていた。名工ダイダロスにとって、高い塔からの脱出などたやすいことだったからである。

ダイダロスは、床に散らばっている鳥の羽根を集めると、それを蠟《ろう》で固めて翼をつくった。これを使って、塔から逃げ出そうというのである。

「海にも、太陽にも近づいてはならない」

2人分の翼をつくり終えたダイダロスは、イカロスにある忠告をすることを忘れなかった。それは、**「蝋が湿気でバラバラになってしまうので海面に近づきすぎてはいけない。また、蝋が熱で溶けてしまうので太陽にも近づいてはいけない」**というものであった。

イカロスは父の言葉にうなずいたものの、脱出できる嬉しさのあまり、どこか気もそぞろであった。翼を背負った父子は、ついに塔の窓から外へと飛び出した。

はじめのうちイカロスは父の言いつけを守り、海にも太陽にも近づきすぎないよう気をつけて飛行していた。しかし、次第に自由自在に空を飛んでいることに興奮し、このまま太陽まで飛んで行けるのではないかと過信してしまう。

そして、父が止めるのも聞かずに上昇を続けたが、太陽に近づきすぎてしまったため、翼の蝋が熱で溶け、**イカロスは墜落死《ついらくし》してしまう**のである。

この「イカロスの翼」の神話は、いまでも「技術への過信」を戒《いまし》める逸話として広く語り継がれている。

14

答えられなければ死⁉ スフィンクスの恐怖の「謎かけ」

誤れば食い殺される……ひとりの青年が出した答えとは⁉

スフィンクスというと、エジプトの三大ピラミッドのすぐ近くにある巨大な石像を思い浮かべるかもしれない。

だが、人の頭に獅子の体を持ったこの生き物は、じつはエジプト神話のみならず、メソポタミア神話やギリシャ神話など、幅広い地域の神話に共通して登場してくる生き物なのだ。

神話によってはスフィンクスを聖なる存在と見なすものもあるが、ギリシャ神話では**人々を食い殺す恐ろしい怪物**とされている。ギリシャではスピンクスと呼ばれていたこの怪物は、女神ヘラによってピキオン山に置かれ、近隣の都市国家テーバイの住人を苦しめていたという。

朝は4本足、昼は2本足、夜は3本足

スピンクスはピキオン山のふもとを人が通りかかると、かならず**「朝は4本足、昼は2本足、夜は3本足。これは何か?」**という謎を出した。そして、もし謎が解けなければ、その者を殺して食べてしまうのである。

あるとき、オイディプスという青年がピキオン山のふもとを旅していた。彼は両親の顔を知らない孤児だ。そこへスピンクスが現われ、謎をかけてきた。だが、賢いオイディプスはすぐさま、**「それは人間だ。人間は赤ん坊のときには4本足で這《は》い回り、成長すると2本足で歩き、老年になると杖《つえ》をつくから3本足になる」**と答えた。正解を言い当てられたスピンクスは絶望し、谷底へ身を投げて死んでしまったという。

住人を苦しめていた怪物を退治したことで、オイディプスは褒美《ほうび》としてテーバイの王ライオスから王権とライオスの妃を賜った。だが、ライオスこそがオイディプスのじつの父であり、妃は母であった。それを知らずに母と交わり、オイディプスは悲劇を味わうこととなる。この神話から**「エディプス・コンプレックス」**という言葉も生まれた。

15 ミダス王が神から与えられた「恐ろしい贈り物」

「触れる物すべてを黄金にする力を得た王」の苦しみ

「王様の耳はロバの耳」は定番の童話だが、じつはこの話はギリシャ神話のあるエピソードがもとになっているといわれている。この神話で登場する「王様」はミダス王という名を持つ。

都市国家ペシヌスの王ミダスは、あるとき酩酊《めいてい》の神ディオニュソスから、どんな望みでも叶えてやろうと言われた。欲深だったこの王は、**自分が触れるものすべてが黄金に変わる力が欲しい**と頼んだ。

ディオニュソスはその望みを聞き入れる。早速、王がオークの木の小枝と石に触れてみると、両方ともすぐに黄金に変わった。歓喜したミダスは宮殿に飛んで帰り、素晴らしい力を得たことを祝うため、祝宴の準備をするよう命じた。

使用人たちはテーブルにご馳走《ちそう》と酒を並べた。ところが、ここでミダスはディオニュソスの悪意に気づくこととなる。

食べ物も飲み物も家族もすべて黄金になってしまう

ミダスがテーブルの上のご馳走に手を触れると、食べ物はとたんに硬い黄金に変わってしまった。何か飲もうとしても、それもすぐに黄金に変わってしまう。王が飢えと渇きに苦しんでいるところに、彼の娘がやってきた。思わずミダスが彼女に触れると、**娘も黄金の像に変わってしまった**のである。

ようやく、ディオニュソスからの贈り物の恐ろしさを悟ったミダスは、自身の願い事を呪い、黄金を憎んだ。そして、ディオニュソスにこの力を返したいと強く祈ったのである。

その願いを聞き入れたディオニュソスは、ミダスに川で手を洗うよう告げる。王が言われた通りに川の水に触れると、触れたものを黄金に変える力は川へと移り、川砂は黄金に変わった。こうしてミダスは飢えと渇きから解放されたのである。以後、その川からは砂金が取れるようになったという。

神と英雄の横顔

ゼウス

ティタン神族クロノスを父に、大地の女神レアを母として生まれたゼウス。父のクロノスは、王座から追い落とした父王ウラノスの「お前もわが子により王座を奪われる」という予言を畏怖《いふ》し、妻レアが産んだ子をことごとく呑み込んだ。レアは一計を案じ、6番目の子ゼウスをクロノスから逃がす。成長したゼウスは、クロノスに呑み込まれていた兄弟たちを助ける。そして、「ケラウノス（雷霆）」を武器に、クロノスとティタン神族を打ち倒し、ゼウスは天を支配する絶対神になった。

ゼウスは天空を意のままとし、大雨や雷、雪なども自在に降らすことができる、オリュンポスの神々の王であるが、その性質は妙に道化的だ。姉のヘラを妻とするが、多彩な性遍歴でヘラを嫉妬に狂わせる。しかし、妻をとがめることができない恐妻家の面は、その権威的な地位とのギャップとしてゼウスの魅力となっている。

ヘラ

夫の愛人や子供たちをいじめ抜く嫉妬深いイメージが付きまとうヘラだが、夫であり弟でもあるゼウスに次ぐ天界の女王だ。

そのなれそめは、こうだ。美少女のヘラを見初めたゼウスがカッコウに化けて近づく。ヘラは、結婚を迫り、ゼウスは妻のテミスと離婚。ヘラは正妻となるが、「婚姻《こんいん》の女神」であるヘラは、この後、夫の浮気に悩まされることになる。何とも皮肉なものだ。

アテナ

ゼウスは、「知恵の女神メティスの子供がゼウスを超える神となる」との予言を聞き、妊娠したメティスを丸呑みにしてしまう。

ある日、ゼウスの額《ひたい》から鎧兜《よろいかぶと》を付けた女神が雄叫《おたけ》びとともに飛び出す。これが成長したメティスの子、戦いの女神アテナだった。

アテナイの守護神の座を懸けて叔父ポセイドンと争い、美貌をヘラやアフロディテと競ったプライドの高い女神である。

アポロン

太陽神にして、医学、数学、予言、芸術を司る、女神レトとゼウスのあいだに生まれた美貌の神。「レトが産む双子はもっとも輝かしい神となる」という予言を知ったヘラに邪魔されながらも、レトの妹の助けを借りて生まれた。父ゼウスから譲り受けた竪琴と弓矢を持ち、黄金の馬車で人々に信託をもたらす。

月桂樹の冠は、求愛を拒み月桂樹に姿を変えたニンフ、ダフネをしのんでいる。

アフロディテ

ヴィーナスという名でも有名なアフロディテは、オリュンポスの神随一の美貌を誇る。美と愛の女神として、ヘパイストスという夫がありながら軍神アレスをはじめとした複数の愛人がいたという奔放《ほんぽう》な女神だ。常に愛欲の神エロス（英名キューピッド）が彼女に従う。

ウラノスの切り取られた男根《だんこん》の泡から誕生し、美しさに魅了された西風ゼフュロスが神々のもとに運んだといわれている。

アレス

ゼウスとヘラのあいだに生まれた軍神アレスは、知略に長《た》けていた戦いの女神アテナとは対照的で、その戦《いくさ》ぶりは暴力的。トロイ戦争ではアテナにあっさりと敗北してしまう。異母弟ヘラクレスにも負けたことがある。

性格は粗野で残忍、不誠実だが、たくましい体格と精悍《せいかん》な顔立ちで、女性には人気。アフロディテとの関係は有名だ。エロスがアレスの子だという説もある。

アルテミス

アポロンの双子の妹、月の女神、狩猟の女神。父ゼウスに永遠の処女であることを誓った。森の動物たちの守護神でもあり、優しい心の持ち主だが、母を暴行しようとした巨人を兄とともに倒したという武勇伝や、水浴びの場を見た狩人を鹿に変え猟《りょう》犬《けん》に八つ裂きにさせたという逸話もある。

唯一心を許した狩猟の名手オリオンを兄アポロンの姦計《かんけい》で自ら射殺してしまい、悲恋に終わった。

デメテル

大地の女神ガイアの孫で、クロノスとレアの娘、豊穣の神である。

普段は温厚だが、怒ると飢餓をもたらす。彼女の森の木を根こそぎ伐採したテッサリア王エリュシクトンに対し、飢餓の精霊を遣《つか》わし、いくら食べても満たされぬ身に変えた。

エリュシクトン王は、財産を食料に変えて食べつくし、最後に自らの体を貪《むさぼ》って死んだという。しかし、娘には愛をもって恩恵を施したという慈悲深い面もある。

ヘルメス

ヘラの実子アレスと入れ替わり、その母乳を吸っていたため、ヘラからの迫害を唯一免れたゼウスの妾腹《しょうふく》の子。

盗みの天才で、生まれたその日に異母弟アポロンの牛を盗み出した。世渡りの才を認められゼウスより「神々の伝令」を拝命。その後、世界中を駆け巡り、旅の達人となった彼は、旅人、行商人、盗人の守護神といわれ、また、死者を冥途《めいど》に導く案内人でもあった。

ポセイドン

海の王ポセイドンは、泉や水を支配し、怒ると大嵐を巻き起こす。船乗りや漁師に恐れられつつも敬愛されている。青銅のひづめと黄金のたてがみを持った馬にひかせた戦車で海底に築いた巨大な宮殿を拠点に世界中を走破した。

海神ネレウスの娘アンピトリテとのあいだに人魚トリトンと巨人アルビオンがいる。ゼウスと同様、妾腹の子が多く、特にデメテルとの子、神馬アリオンは有名だ。

ヘスティア

炉のそばで火の番をしていることを好んだヘスティアは、家庭を守る主婦の味方とされ、炉の女神、家庭の守護神といわれる。ゼウスの妾腹の子ディオニュソスが成長し、ゼウスが彼に高い地位を与えたいと望んだとき、12神の座を譲ったとされる。男神たちの求婚を退《しりぞ》け永遠の処女を貫いた。

寄る辺《べ》のない孤児たちに慈愛の目を向け、孤児の庇護者《ひごしゃ》ともいわれている。

2章

北欧神話

「滅び」を宿命づけられた
戦闘派の荒ぶる神々

じつは北欧神話は、いま北欧と呼ばれる国々だけが舞台なわけではない。北欧神話の担《にな》い手たるゲルマン民族は、北欧だけでなくヨーロッパのもっと広い範囲で暮らしていたからだ。**つまりその実態は、北欧神話というより「ヨーロッパ神話」といってもいいのだ。**

北欧神話の成立時期は、ギリシャ神話と比べるとぐっと時代が下る。神話のほとんどは、「古エッダ」「新エッダ」という資料に記述されているのだが、その成立年代は9～12世紀という。

そのころ、南ヨーロッパなどではすでにキリスト教が広まっていたが、北にまでキリスト教が浸透するのに時間がかかったため、北欧にゲルマン族の神話を残す資料が残されたのだという。

そんな北欧神話の特徴を一言でいうと、寒冷で厳しい自然環境を背景にしてか、それとも北に攻め入ったヴァイキングたちが信仰していたからか、**苛烈《かれつ》にして戦闘的**だということができるだろう。そのため、戦闘がメインとなるテレビゲームやRPGなどとの相性がよく、神話に登場する神やモンスターたちの名は、ゲームの世界ではおなじみのものが多い。

◉1本の大樹を中心に広がる世界

北欧神話は、9つの世界が重層的に存在する、かなり複雑な世界体系で構成されている。

その世界観はかなり独特だ。宇宙は天上、地上、地下の3つの平面から成り、その平面を貫いて世界樹ユグドラシルがそびえ立つ。そして天上は3つ、地上は4つ、地下は2つの世界に分かれているのだ。

また、多くの神話はその創世神話、つまり「はじまりの物語」が重要になるが、北欧神話においては**「終わりの物語」**、**つまり最終戦争「ラグナロク」が重要**で、多くのエピソードがラグナロクにつながっているといっても過言ではない。北欧神話では**神々は永遠の命をもたず、滅びを宿命づけられた存在**なのである。その終末観こそが、北欧神話の特徴といえるだろう。

北欧神話の流れ

Ⅰ

神々の誕生

原初の巨人ユミルと、牝牛アウズフムラが誕生。ユミルから「霜の巨人」一族が生まれる。その後、オーディンら3神が誕生。

Ⅱ

世界の創造

オーディンら3神が霜の巨人たちを壊滅させる。オーディンの手によって世界が創造され、人間の世界ミズガルズ、巨人の世界ヨトゥンヘイム、神々の世界アースガルズが誕生。

Ⅲ

ヴァン戦争

アースガルズに魔女神らが侵入し、悪徳が蔓延。欲望に取り付かれたアース神族は、ヴァン神族と争う。長い戦争は、人質交換によって終結する。

Ⅳ

アースガルズの城壁

神々は戦争で崩壊したアースガルズの城壁の修復を、訪れた鍛冶屋に依頼する。城壁の完成後、鍛冶屋は報酬として女神フレイヤと太陽、月を要求し、雷神トールに殺害される。

Ⅴ

オーディンの旅

城壁の完成後、オーディンは知識を求めて旅に出る。オーディンはさまざまな犠牲と苦難の末に知識を獲得したが、光の神バルドルから「神々の最期=ラグナロク」の予言を受ける。

Ⅵ

バルドルの死

悪神ロキは神々に人気がある不死のバルドルに嫉妬し、盲目の神ホズを騙してバルドルの唯一の弱点であるヤドリギの若木を投げつけさせ、殺害に成功する。

Ⅶ

ロキの捕縛

ロキは神々と袂を別つ。オーディンはロキを鎖で縛り上げ、拷問を科して幽閉。一方で、ラグナロクに備え、人間の勇者を集め始める。

Ⅷ

ラグナロク

天変地異が起こり、人間の世界が崩壊。巨人や死者が侵攻を開始し、ラグナロクが勃発する。激戦のなかで神々は次々に斃れ、大地が焼き尽くされる。

1 巨人を倒し世界の覇権を手にした最高神オーディン

すべての命が生まれ、あらゆるいさかいが起こる

北欧神話の面白いところは、神々の人間くささだろう。最高神オーディンも、最初から神々の頂点の座にいたわけではない。力でその地位を獲得しているのだ。

北欧神話では、**この宇宙に最初に誕生した生命は、ユミルという巨人であった**という。彼は、自分と一緒に生まれた雌牛アウズフムラの乳を飲んで育った。そして、ユミルの脇の汗から、次々と巨人族が生まれた。つまり、この原初の巨人が**すべての巨人族たちの先祖で、「霜《しも》の巨人」と呼ばれる。**

いっぽう、アウズフムラが塩辛い霜の石をなめていると、次第に石が人の形となり、最初の神ブーリが誕生した。ブーリはボルという息子をもうけ、そのボルが巨人族の女と結婚して、オーディン、ヴィリ、ヴェーの三兄弟が生まれる。

不俱戴天の敵同士となった神々と巨人

オーディンたちが誕生したあとも、世界を支配していたのは原初の巨人ユミルと、彼が生み出した巨人族たちだった。我が物顔に振る舞う彼らに対し、次第にオーディンたちの不満は溜まっていった。

とうとうオーディンは巨人たちに反旗を翻《ひるがえ》すことを決意し、**兄弟たちと力を合わせユミルを殺してしまう**。すると、巨人の体から流れ出した血によって大洪水が起こり、ほとんどの霜の巨人たちは溺死してしまった。このときから、**神々と巨人族は不俱戴天《ふぐたいてん》の敵同士となった**のである。そして、これによりオーディンが神々の頂点に立つこととなった。

その後、オーディンたちがユミルの死体を「大いなる深淵」と呼ばれる深い裂け目に投げ込むと、ユミルの肉は大地に、血は川や湖や海に、骨は山に、脳は雲に、頭がい骨は空になったという。こうして、世界が出来上がったと伝えられている。ちなみに、ユミルの孫のベルゲルミルとその妻だけは大洪水を生き残り、のちに巨人族を復興させた。

2

神へーニルを人質として差し出した「姑息なたくらみ」

神々の戦いの和平交渉に連れ出されたのは「とんでもない人物」だった

「神」といえば、常に正しく、厳格なものと思いがちだが、北欧神話の神々は一味違う。相手を騙《だま》すことも平気でやってのけるのだ。狡猾《こうかつ》ながらもどこか憎めない、神々の「いかさま」をご紹介しよう。

北欧神話の主役は世界樹ユグドラシルの上層部、アースガルズという世界にすみ、オーディンを筆頭とする**アース神族**と呼ばれる神々だ。だが、神話にはもうひとつ別の神の種族も登場する。それは、**ヴァナヘイムという世界にすむヴァン神族**である。

ヴァン神族については、あまり伝承が残されておらず、詳しいことはわからない。ただ、一説にはアース神族よりも古い世代の神々であるとされ、アース神族が戦闘的な神々であるのに対し、ヴァン神族は平和的な神々であったという。そのヴァン神族とアース神族が、世界創世の直後に争ったという伝承が断片的に残されている。

人質交換が決別のきっかけに!?

争いのきっかけは、あるときオーディンがヴァン神族の女神グルヴェイグを槍で傷つけてしまったことだとも、グルヴェイグの魔法によってアース神族が侮辱《ぶじょく》されたことが原因だともいわれている。

どちらの説が正しいかわからないが、戦争がはじまるときとはそういうものだろう。戦端が開かれると、好戦的なアース神族は武力で押し切ろうとした。だが、ヴァン神族は魔法で対抗。アースガルズの防備壁がヴァン神族によって破壊されるなど、どちらかといえばヴァン神族のほうが優勢だったようだが、アース神族も果敢に立ち向かい、戦いはいつ終わるともなく続いた。

戦局が膠着《こうちゃく》状態に陥ると両陣営の神々も疲れ果て、やがて、どちらからともなく和平の道を探ることとなった。そして、最終的には**双方が人質を交換することで戦争を終わらせる**こととなる。

ヴァン神族が人質として選んだのは、彼らの最高位にいたニョルドと、その息子フレイと娘のフレイヤ、賢神クヴァシルであった。ヴァン神族としては、考えられるなかで、もっとも貴重な神々を差し出したのである。これに対しアース神族は、**オーディンの兄弟であるヘーニルと、知恵者として名高いミミルを人質として送った**。

これは一見、対等な人質交換のようだったが、アース神族の側にとって極めて有利な交換となっていた。知恵者のミミルはともかくとして、ヘーニルは血筋は申し分なく、長い脚と美しい顔を持った非常に見栄《みば》えのいい神であったものの、**じつは自分ひとりではなにもできない、役立たずの神だった**からである。

斬り落とされた「知恵の神の首」も活用するしたたかさ

ヘーニルが送られてきてからしばらく経って、この神の正体に気づき、ヴァン神族の神々はアース神族に一杯喰わされたことを知る。自分たちは最高位の神を送ったのに、見かけ倒しの神が送られてきたことに怒り狂ったヴァン神族は、報復としてミミルの首をはね、アースガルズに送り返してしまった。

この一件により、アース神族とヴァン神族の戦いが再燃することはなかったが、**以後、ヴァン神族はアース神族との関わりを断ち、自分たちの世界であるヴァナヘイム**

世界樹ユグドラシル

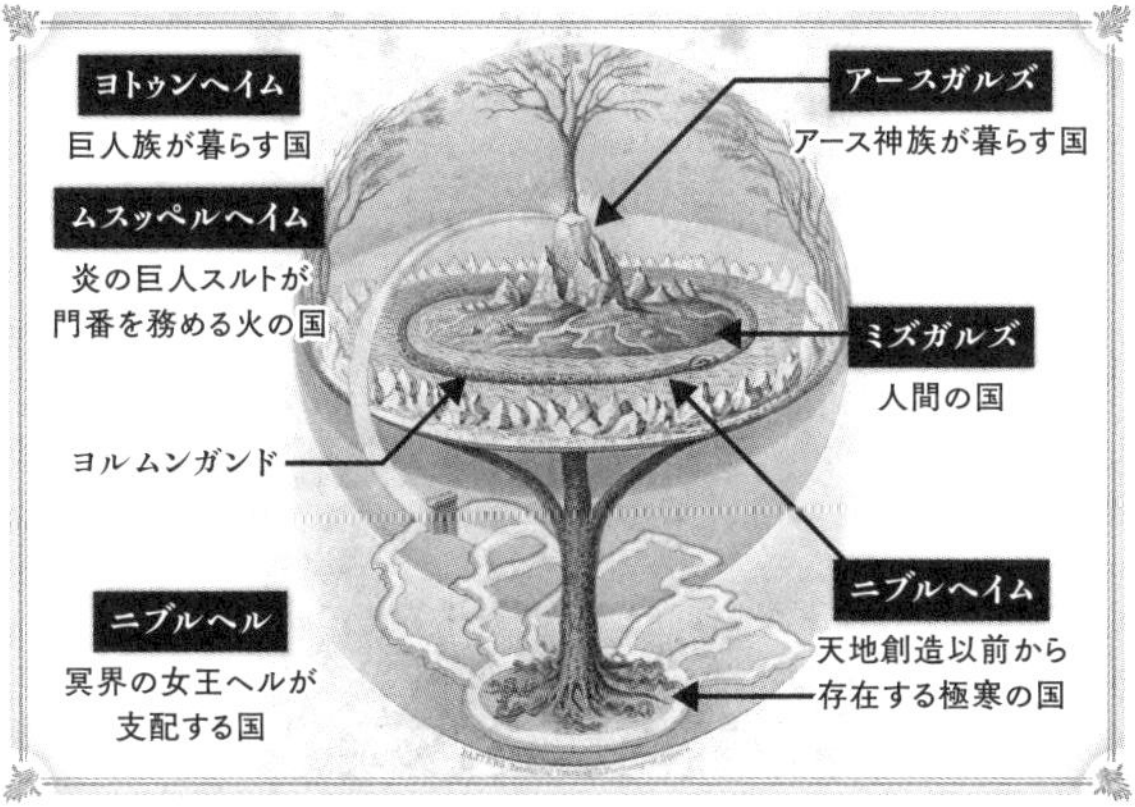

に閉じこもってしまう。そのため、神話にはあまり登場しなくなってしまうのだ。

ところで、アースガルズに送り返されたミミルの首だが、その知恵を惜しんだオーディンは、ミミルの首を薬草で防腐処理し、さらに魔法をかけて会話をできるようにしたという。つまり、いつでもその知恵を借りることができるようにしたのだ。

役立たずのヘーニルを押しつけ、その上でミミルの首を取り戻したのだから、アース神族はなにひとつ損をしていない。やはり、オーディンのほうが確実に一枚上だったことは間違いない。

古き神々もそれを悟り、去って行ったのだろう。

3 神と巨人の知恵比べを決した「究極の質問」とは?

一見互角の「知識合戦」は、思わぬ問いで形勢が変わっていく

巨人族というと怪力自慢の粗野な者たちばかりというイメージを持つかもしれないが、なかには神々にも負けないほどの知恵や知識の持ち主もいる。ヴァフスルーズニルは、そんな賢い巨人の代表的な存在である。

ヴァフスルーズニルの知識は、世界樹ユグドラシルに自らを生贄として捧げて得たものだとされる。これは、オーディンと同じだ。オーディンもまた、自らの体をグングニル（槍）で貫き、ユグドラシルの樹で首を吊ることで知識を得たとされているのだ。

それほど知識に貪欲なオーディンが、ヴァフスルーズニルの噂を聞いて放っておけるはずもない。早速、賢い巨人のもとに赴き、オーディンとヴァフスルーズニル、ど

ちらの知識量が多いかを競うこととなった。

息子の死さえも自らのため利用するオーディンの非情

両者の知識合戦は、当初互角であった。オーディンが「最初の巨人は誰か？」と問えば、ヴァフスルーズニルは原初の巨人ユミルからはじまる巨人族の家系をすらすらと答えた。いっぽう、オーディンもヴァフスルーズニルの出すあらゆる問いに、即座に返答した。

このままでは決着がつかないと考えたオーディンは、ひとつの問いを巨人に投げかけた。それは、「**将来、我が子のバルドルが死ぬとき、自分は息子の死骸に何と声をかけるか？**」というものであった。これにはヴァフスルーズニルも答えられなかった。**この賢い巨人は過去と現在については知らないことはなかったが、未来のことまではわからなかった**のである。しかし、オーディンには予言の力があり、未来のことも知っていたのだ。

敗北を認めたヴァフスルーズニルは、「それでも私は、いかなるときももっとも賢いオーディンと張り合ったのだ」と言い残し、自害したという。

4 名コンビ、雷神トールと狡猾なロキの珍事件

ひとりの神のずる賢さに、神々は困らされ、助けられる

マンガや映画『マイティ・ソー』シリーズでおなじみの神、ロキ。ロキは霜の巨人を両親に持ちながら、オーディンと義兄弟の契りを結び、神々とともに暮らしていた特殊な立ち位置の神である。その性格は狡猾、かつ邪悪で気まぐれなものであった。そのため、神々に対してさまざまな害をもたらしている。

その害悪のうちでも最大のものは、誰からも愛されていた光明神《こうみょうじん》バルドルを殺したことだろう（100ページ）。また、ラグナロクにおいては神々の敵にまわり、最後の決戦を戦っている。

しかし、いっぽうでロキは神々に対して数々の恩恵ももたらしている。オーディンの槍グングニルやトールの槌《つち》ミョルニル、フレイの魔法の船スキーズブラズニル、黄

金を生み出す指輪アンドヴァラナウトなどの武器や道具は、すべてロキが小人を騙して手に入れ、神々に与えたものなのだ。

とくに**トールとは仲が良く、ロキはこの雷神とさまざまな冒険を共にし、たびたび彼を助けている。**そのなかでもとりわけ有名なのが、次の逸話だ。

交渉はおまかせあれ！ ロキの秘策とは？

あるときトールは、大事にしていた槌ミョルニルを、邪悪な霜の巨人スリュムに盗まれてしまった。戦いの神でもあるトールとしては力ずくででも取り戻したいところであったが、肝心の武器であるミョルニルがないので、それは難しい。そこで、トールはロキに相談し、彼に交渉役として霜の巨人のもとへ行ってもらうことにした。ロ八丁手八丁のロキほど、交渉役として最適な者はいない。

ロキは早速、スリュムのもとへと向かい、交渉をはじめたが、霜の巨人は素直にミョルニルを返そうとはしなかった。巨人は、女神フレイヤを妻として差し出すならば、ミョルニルを返してもいいとロキに告げる。

女神のなかでももっとも美しいフレイヤが、醜い霜の巨人の妻となることを了承するわけがない。トールは弱ってしまい、頭を抱えた。するとロキは、自分にはミョルニルを無事取り戻すいい策があると言い出した。

花嫁衣裳を着せられた荒ぶる雷神

ロキの策とは、**トールに花嫁衣裳を着せてフレイヤのふりをさせ、スリュムのもとに向かう**というものであった。さらに、ロキはこの奪還作戦に自分も同行すると申し出た。

燃えるような目と赤髪を持つ大男であるトールが花嫁衣裳を着たところで、とうてい美しい女神には見えなさそうなものだ。ところが、フレイヤに扮《ふん》したトールがスリュムの館を訪れると、霜の巨人は大喜びし、ご馳走を並べて歓待した。

しかし、トールはご馳走を前にすると、空腹をがまんできずに、雄牛1頭に蜜酒《みつしゅ》を3樽《たる》など大量に飲み食いしてしまう。これを見たスリュムは目を丸くして驚いたが、すかさず花嫁姿のトールにつき従っていたロキが「新婦は長旅で疲れていて、お腹がすいていたのです」と言いつくろってごまかしてしまった。

ロキの言葉を信じたスリュムは、交換条件が成立したことを認め、ようやくミョル

ニルを宴の席に持ってきた。そして、花嫁の膝の上に置いた。
その瞬間、トールは花嫁衣裳を脱ぎ捨てて正体を現すと魔法の槌を握りしめ、スリュムと結婚式に集まっていた霜の巨人たちを全員殴り殺してしまう。こうして、ミョルニルは無事、トールのもとに戻ったのである。もし、ロキの協力がなければ、この成功はなかっただろう。
このほか、トールが巨人族の地に遠征に行ったさい、ロキも同行したといった逸話も残されている。**ときにはケンカをすることもあったが、2体の神は非常に気が合ったのである。……ラグナロクを迎えるその日までは。**

5

「おっとり貴公子」フレイが恋にかまけて失ったもの

巨人の娘に一目惚れした神は、召使にとんでもない約束をしてしまい……

神話といえば「美しい神」が登場するのがお約束だが、北欧神話にも、そんな白馬の王子と見紛《みまが》うような神がいる。**豊穣の神フレイ**は、別名を**「貴公子」**というだけあって、好戦的な神の多い北欧神話のなかでは、際立《きわだ》って優美さを誇る神である。

さまざまな魔法の道具の持ち主としても知られており、たとえば彼の所持するスキーズブラズニルという船は、普段は衣服のなかに隠せるほど小さく折りたためるが、いざというときは余裕で神々全員を乗せられるほど大きくなったという。そのほかにも、空だろうと海だろうと駆けることのできる黄金の猪《いのしし》グリンブルスティや、自動的に敵と戦ってくれる魔法の剣なども、彼の持ち物である。

だが、フレイは「勝利の剣」とも呼ばれるこの魔法の剣を、あることが原因で失ってしまい、のちのち大きな後悔をすることとなる。

武器のないまま「最終戦争」のときが来て……

あるときフレイは、霜の巨人族の娘であるゲルズに一目惚れをし、彼女に結婚を申し込んだが、断られてしまった。それでも諦《あきら》めきれないフレイは、召使のスキールニルに巨人族の国に行って、なんとか結婚話をまとめてくるよう命じる。そして、もし成功すれば、褒美に何でも欲しい物を与えようと言ってしまう。

主人のために巨人族の国に赴いたスキールニルは、数々の贈り物でゲルズの歓心を買おうとするが、彼女の拒絶の意志は固い。そこで最後には、「呪いをかける」と脅かして、強引に結婚を承諾させてしまった。

無事役目を果たして戻ってきたスキールニルが褒美に望んだものは、フレイの**「勝利の剣」**であった。するとフレイは、この望みをあっさり聞き入れてしまう。

召使相手でもきちんと約束を守ったのは偉いといえば偉いが、これは愚かな判断であった。なぜなら、**ラグナロクが到来したさい、剣のないフレイは鹿の角で戦うはめになったた**からである。

6 淫蕩かつ残酷な美神フレイヤの首飾り

愛を司る女神が自分の体と引き換えに求めたものとは

美しくも少々間抜けな「貴公子」フレイには双子の妹がいる。**妹フレイヤは、ちょっとした「問題児」だ。**フレイヤは豊穣の女神であり、愛を司る女神でもある。神々のなかでもっとも美しい姿をしていたとされるが、性的にかなり奔放で、それを象徴する次のようなエピソードも残されている。

あるとき、フレイヤは4人の小人たちが暮らす岩屋の前を通りかかった。岩屋の入口は開いており、ふと中を覗くと、小人たちが黄金の首飾りを作っているところが目に入った。その首飾りを見たとたんにどうしても欲しくなったフレイヤは、小人たちから買い上げようとしたが、小人たちは金銭よりもフレイヤの体を求めた。

そこでフレイヤは、**4人の醜い小人たちそれぞれと一夜をともにして、首飾りを手**

に入れたのである。この首飾りは、ブリーシンガルの首飾り、あるいはブリージンガメンという名前で呼ばれている。

愛に奔放な女神かつ死者の管理者

これ以外にもフレイヤの性的に放縦《ほうじゅう》な逸話は多く、兄のフレイや、さらには父親とも寝ていたとされる。オーディンの愛人だったこともあったようだ。さらに、彼女はオーズという神と結婚していたが、オッタルという人間の愛人もいて、その愛人を猪の姿に変身させて乗り回していたともいう。もっとも、フレイヤのふしだらさに嫌気が差したのか、のちにオーズからは離縁された。

いっぽうで、フレイヤは**死者の魂を集める役目を負ったヴァルキューレたちの長**ともされている。ヴァルキューレが戦死した者たちの魂を集めてくると、半分をオーディンの館ヴァルハラに送り、残りの半分は自身の暮らす館セッスルームニルに運ばせたという。

つまり、フレイヤには**死と破滅を司る残酷な女神**という側面もあるのだ。淫蕩《いんとう》かつ残忍という2つの面を思えば、フレイヤはなかなか恐ろしい神である。

7

荒ぶるトールと傲慢な巨人の一騎打ち

無双の男たちの「宴でのトラブル」

北欧神話では、巨人は「神に敵対する存在」として描かれる。

怪力自慢の巨人族たちのなかでも、とくに強力無双だったのが霜の巨人フルングニルだ。この巨人は石でできた心臓と頭がい骨を持っており、いざ戦いとなると三角形に尖った砥石《といし》を振り回して敵を砕いたという。

そんなフルングニルは「金のたてがみ」という名前の名馬を所持しており、あるときオーディンに対して、自分の馬とオーディンの愛馬スレイプニルの速さを競う勝負を挑んだことがあった。この競争はかろうじてスレイプニルの勝利に終わったが、互角に戦ったこの巨人に感心したオーディンは、彼を神々の宴に招いて、歓待することにした。

トールの大槌に頭がい骨を砕かれる

はじめのうちは楽しく飲み食いしていた神々とフルングニルだったが、強い酒の杯を重ねるうちに次第に酔いがまわった巨人が暴言を吐き散らすようになった。

最初は神々もオーディンの招いた客ということで我慢していたものの、フルングニルが「自分は最強であり、神々でさえ自分には勝てない」とか、怪力を頼んで「オーディンの館ヴァルハラを背中に担《かつ》いで巨人族の国に持って帰る」などと言い出したため、宴の雰囲気は最悪なものとなってしまった。

その最中に、遅れてやってきた雷神トールは、巨人の暴言を耳にして怒り心頭となり、フルングニルに一騎打ちを申し出た。巨人はこれをいったんは了承したのだが、武器を持ってきていないことを思い出し、後日の決闘を約束して神々の世界を去った。

数日後、フルングニルとトールはヨートゥンヘイムとアースガルズの境界線で向き合った。しかし、勝負は一瞬でついてしまった。**トールの鉄槌ミョルニルがフルングニルの砥石を砕き、そのまま巨人の頭がい骨も砕いてしまった**のである。

8 世界を破滅させる巨狼、大蛇、冥府の女王

悪神ロキが生み出した怪物を退治するべく、神々は奔走する

古来から、人々は想像の中で「恐ろしいもの」をつくり出してきた。

北欧神話において、もっとも恐るべき怪物は、**巨狼《きょろう》フェンリル、大蛇ヨルムンガンド、死者の国を支配する女神ヘル**の3体である。この怪物たちは兄弟であり、父親は悪神ロキだ。ロキが、女巨人アングルボザとのあいだにもうけたとも、あるいはアングルボザの心臓を食べることで自ら生み出したとも言われる。

ちなみに、この3体はフェンリル、ヨルムンガンド、ヘルの順番で誕生したとされている。つまり、フェンリルが長子ということだ。

3体の怪物たちはラグナロクのさいに、神々を屠《ほふ》り、世界を滅亡に導くのだが、それ以前から恐るべき力を発揮し、神々を脅かしていた。

右腕を犠牲にして巨狼を拘束！

フェンリルは生まれたばかりのときは、まだ普通の狼と変わらない大きさであったため、アース神族が厳しく監視しつつ、飼うこととなった。しかし、性質は凶暴であり、フェンリルに餌《えさ》をやれるのは、勇敢な戦神テュールだけであった。

やがて、フェンリルは日増しに体が大きくなり、力を増していった。この巨狼がいずれ災いとなることが予言されたため、神々はフェンリルを拘束することに決める。

ただ、問題はどうすればこの怪物を縛りつけることができるかということであった。はじめ神々は鉄鎖を用意したのだが、フェンリルはそれを簡単に引きちぎってしまった。次にその2倍の強度をもつ鉄鎖を用いたが、巨狼はこれも難なく引きちぎってしまう。

そこで、小人にグレイプニルという魔法の紐《ひも》を作らせ、これを用いることにした。グレイプニルは、ネコの足音、女の顎髭《あごひげ》、山の根元、クマの神経、魚の吐息、鳥の唾《だ》液《えき》という6つの材料で作られたものである。

この魔法の紐を目にしたフェンリルは、初めて警戒の色を見せ、**「もし、その紐を**

自分につけたいならば、安全の保証として誰かの右腕を自分の口に入れろ」と交換条件を出した。この要求に応えたのが、テュールである。

テュールが右腕をフェンリルの口の中に差し入れると、フェンリルはおとなしく自分の身体に紐をかけさせた。するとその瞬間、グレイプニルは巨狼の身体を締めつけ、身動きできなくさせてしまった。怒ったフェンリルはテュールの右腕を手首のところから食いちぎったが、そのまま地中深くに封印されてしまった。

こうして、**神々は災厄をもたらす怪物を封じることに成功**する。しかし、ラグナロクが訪れたさい、なぜかこの封印は解けてしまう。

雷神トールの宿敵だった大蛇ヨルムンガンド

ヨルムンガンドは、神々の脅威となることが予言でわかっていたため、誕生してすぐにオーディンによって海に捨てられてしまった。だが、この怪物は海の底で生き延び、人間の住む世界であるミズガルズを取り巻くほどの大きさに成長する。

その後、たびたび雷神トールがヨルムンガンドを退治しようとしたが、果たせなかった。一度などは、船の上からこの大蛇を吊り上げることに成功し、鉄槌ミョルニル

で頭部に一撃を加えたものの、ヨルムンガンドが暴れたことで船が転覆しそうになったため逃してしまう。宿敵である両者の決着がつくのは、ラグナロクのときである。

末子のヘルは、体の半分は普通の女性の姿をしているが、もう半分は黒く腐っているという怪物である。彼女も生まれてすぐに、オーディンによって冷たい氷の国であるニヴルヘイムに追放されてしまった。

だが、この酷寒の地でヘルは、名誉ある戦死者以外の死者の魂を支配する冥府の女王となる。

そして、ラグナロクが起きると、死者の爪でつくった船ナグルファルに死人の軍団を乗せ、アースガルズに攻め込んだという。

9 「竜殺しの英雄」ジークフリートとブリュンヒルドの悲恋

手に入れた魔法の指輪には、呪いがかけられていた

「ジークフリート」といえば、ゲームやアニメのキャラクターとしておなじみの騎士である。ドイツ語では「ジークフリート」と呼ばれる彼は、じつは**北欧神話（およびゲルマン神話）に登場する、オーディンの血を引く英雄**。ここでは北欧神話にならい「シグルズ」と呼ぶことにしよう。

名剣グラムを携《たずさ》えて数々の武功を上げたとされるシグルズの伝説は、伝えられてきた地域によってかなりの違いがある。なかには相互の内容が矛盾するようなものもあるが、多くの伝説では竜を退治した物語が語られている。そこから、シグルズは**「竜殺しの英雄」**とも呼ばれている。

その竜退治の物語の大筋は次のようなものだ。

黄金を生み出す「呪いの指輪」アンドヴァラナウト

鍛冶屋のレギンのもとで育ったシグルズは、あるとき養父レギンにそそのかされて竜の姿をした魔人ファブニルを殺し、無限に黄金を生み出す**魔法の指輪アンドヴァラナウト**を手に入れる。このとき、竜の血を浴びて不死身になったともいわれている。

養父であるレギンの期待に見事に応えたシグルズだったが、じつはこの竜殺しには裏があった。レギンは魔人ファブニルの弟であり、兄の財宝を独り占めしようと考えてシグルズを差し向けたのだ。

レギンにとっては、邪魔な兄が殺されればシグルズにはもう用はない。そこで、次にシグルズを殺してしまおうと企んだ。しかし、シグルズは鳥のシジュウカラから警告を受けてレギンの危険な本心を知ると、育ての親を返り討ちにしてしまった。そして、旅に出る。

ところで、シグルズがファブニルを倒して手に入れたアンドヴァラナウトは、もとはといえばロキが小人から奪い取ったという来歴を持つ指輪であった。これを恨《うら》んだ小人は、**黄金を生み出す代わりに、持ち主はかならず非業の死を遂げる**という呪いを指輪にかけていた。そんなことを知らないシグルズは、指輪をはめたまま各地を放浪していた。**その旅の途中で、炎の壁に囚われている美しいヴァルキューレのブリュンヒルドと会う。**

恋人を殺し、自ら炎に飛び込んだブリュンヒルド

ブリュンヒルドを炎の壁から救い出したシグルズは彼女と恋に落ち、将来を誓い合う仲となった。だが、その後、シグルズは人間の王女グズルーンと出会い、彼女から求婚されてしまう。

シグルズはブリュンヒルドを愛していたため王女の求婚を断るが、諦めきれないグズルーンは彼に「忘れ薬」を飲ませた。その結果、シグルズはブリュンヒルドの存在を忘れ、グズルーンと結婚してしまう。さらには、悪気もなく、グズルーンの兄とブリュンヒルドの結婚話を進めてしまうのだ。

自分を捨てただけに留まらず、別の男との結婚話を進めるシグルズの仕打ちに、ブリュンヒルドの胸は張り裂けそうになった。そして、怒りと悲しみのあまり、シグルズを殺して、自らも炎に身を投げて死んでしまうのである。

英雄シグルズの恋と因果

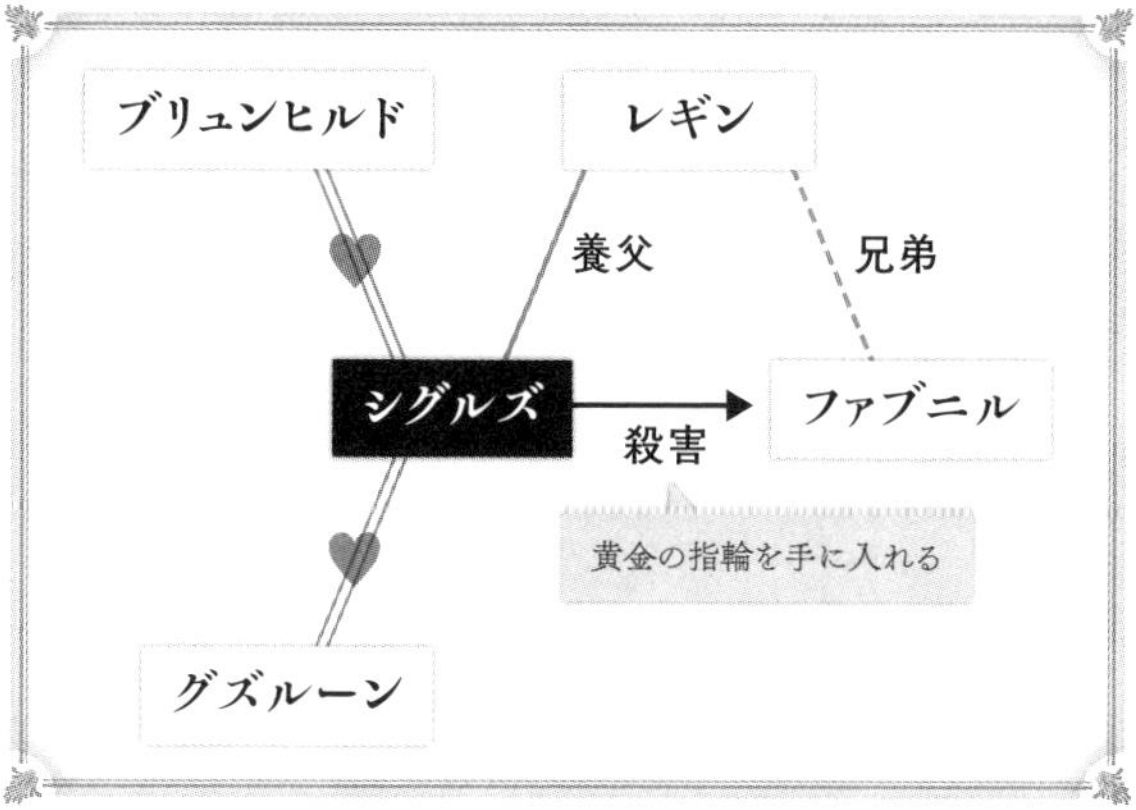

これもすべて、アンドヴァラナウトの持ち主だった小人がかけた呪いのせいであった。

このシグルズの英雄譚《たん》は13世紀ごろにドイツで一大英雄叙事詩『ニーベルンゲンの歌』としてまとめられた。そして、それに題材を取って19世紀にワーグナーが書いた楽劇が『ニーベルングの指環』だ。この楽劇は上演に約15時間もかかる長大な作品となっている。

シグルズとブリュンヒルドには歴史上のモデルがいるという説がある。それは、6世紀ごろのアウストラシアの王シギベルト1世とその妃ブルンヒルドだ。ただ、完全に神話上の人物だという説もあり、真相はわからない。

10 「終わりのはじまり」はここだった……光明神バルドルの死

「誰からも愛された神」が命を落としたとき、世界に異変が起きる

いつの時代も、子を思う母の気持ちは変わらないものだ。

バルドルは、美しい顔立ちと優れた知性、純粋無垢な性格によって多くの神々から愛された光明神である。とくに母である豊穣の女神フリッグからは溺愛されていた。

そんなバルドルが、あるときから不吉な夢ばかり見るようになった。心配した神々は話し合い、彼を不死にすることで災厄から守ることを決める。そこで、**フリッグは9つの世界を巡り、あらゆる生き物と無生物とのあいだに「バルドルを傷つけない」という約束を交わした**。こうして、バルドルの安全は完璧に保証されたかと思われた。

ところが、フリッグは**ヤドリギとだけ約束を交わすことを忘れてしまっていた**。この秘密を悪神ロキが嗅《か》ぎつけてしまう。

世界中が涙を流すなか、ロキだけは泣かなかった

そうとは知らない神々は、遊技場に集まってバルドルをさまざまな武器で攻撃して遊びはじめた。彼が不死身になっていることを確かめ、喜び合ったのである。するとそれを見ていたロキが盲目の神ホズにヤドリギを手渡し、バルドルに向かって投げてみろとそそのかした。なにも知らないホズがロキに言われるまま小さな木の枝を投げると、**ヤドリギはバルドルの身体を貫き、彼を殺してしまった**。

息子の死を嘆き悲しんだフリッグは冥界に赴き、女王ヘルにバルドルの復活を懇願した。これに対しヘルは、「世界中がバルドルのために涙を流すなら、復活を許そう」と告げる。そこで、バルドルのために誰もが涙を流したが、ロキだけは涙を流さなかったため光明神が生き返ることはなかった。

バルドルの死という不吉なできごとは、ラグナロクの予兆となった。冬ばかり続くようになり、自然災害も頻発。そして、最終戦争へとなだれ込んでいく。ただ、ラグナロクで世界が破滅の炎に沈んださい、冥界も焼き尽くされたことでバルドルは解放され、新世界で復活を遂げる。

11

「神々の黄昏」ラグナロクと世界の再生

神さえもが死に、すべての生命が滅びる「最終戦争」がついにはじまる

「神」といえば不滅の存在と思いがちだが、北欧神話の神々には「死」が訪れる。しかも、その「死」はあらかじめ予告されていた。

北欧神話のクライマックスは、**「神々の黄昏《たそがれ》」**とも呼ばれるラグナロクだ。これは、**神々と巨人族のあいだに巻き起こった大戦争**だが、この戦いによって神々と巨人族が死に絶え、世界が滅びることは避けられない宿命として定められていた。

最高神オーディンは予言によって、いずれラグナロクが到来することを知っており、準備を整えていた。配下のヴァルキューレたちに戦場で死んだ勇敢な戦士たちの魂を集めさせ、居城ヴァルハラ宮殿で日夜鍛錬させていたのである。

しかし、それでも神々はやがて訪れる滅亡に怯えていた。そして、光明神バルドル

がロキの悪意によって悲劇的な死を遂げたことを契機に、世界は破滅に向けて滑り落ちはじめる。

神々の国アースガルズに攻め入ってきた怪物たち

バルドルが死ぬと、太陽の光は弱くなり、寒波が押し寄せるようになった。やがて、太陽と月と星が姿を消し、世界は暗黒に包まれた。すると、バルドル殺しの罪で地底の岩に縛りつけられていたロキと、魔法の紐グレイプニルによって捕縛されていた巨狼フェンリルの戒めが解けてしまう。

ロキとフェンリルが解放されたことが合図になったかのように、地の底から次々と魔物たちが出現。さらに海底からは大蛇ヨルムンガンドが浮上し、冥界からは女王ヘルの配下である死者たちが神々の世界であるアースガルズに一斉に攻め込んできた。

災厄はこれだけで終わらない。神々の宿敵である霜の巨人たちと炎の巨人スルトルも、ラグナロクの到来を知ると、アースガルズに攻め入ってきたのである。

オーディンに率いられた神々と、ヴァルハラ宮殿で鍛えられていた死せる戦士たちの魂は、ヴィグリードの平原に集結し、魔物と巨人たちを迎え撃たんとした。そして、ついに両軍が激突する。

先陣を切ったオーディンは果敢にフェンリルに立ち向かっていった。だが、激戦の末、最後は巨大な狼の口に呑み込まれて命を落としてしまう。これは、予言されていたことであった。この光景を見たオーディンの息子ヴィダールは、フェンリルに飛びかかり、巨狼ののどを引き裂いて父の仇を討った。これもまた、予言の通りであった。

雷神トールはヨルムンガンドと戦った。巨大な体で巻きついて絞め殺そうとする大蛇に対し、トールは自慢の武器であるミョルニルを振るって対抗。ついには、ミョルニルが大蛇の頭部をとらえ、怪物の頭がい骨を打ち砕いた。だが同時に、ヨルムンガンドが死の間際に吐いた毒液によりトールも命を落とす。

こうして、次々と神々と巨人や魔物たちは倒れて行った。散々、神々を悩ませたロキも、ヘイムダルという神と相討ちになり死んでしまう。しかし、それでも戦いはまだ終わらなかった。

炎の巨人スルトルにより「世界樹」が燃える

屍《しかばね》が折り重なる戦場で、豊穣神フレイは炎の巨人スルトルとばったり向き合ってし

まった。次の瞬間、スルトルは炎の剣でフレイに斬りかかり、一撃で豊穣神を斬り殺してしまう。この勝利に興奮したスルトルは、炎の剣を戦場の真ん中に投げ込んだ。すると、灼熱の炎がヴィグリード平原全体に燃え広がり、さらに世界樹ユグドラシルにまで燃え移ってしまった。

その結果、**9つの世界すべてが炎に包まれ、神、巨人、小人、妖精、人間たちは焼き尽くされてしまった**のである。これにより、**世界は滅亡**した。

だが、すべてが灰に帰したと思われた世界のなかで、ひとりの人間の男と、ひとりの人間の女だけが生き残っていた。**彼らは、新しい人類の先祖となったという。**

12

永遠の若さをもたらす「金のリンゴ」奪還作戦

神々に不老不死を約束する、魔法のくだものが盗まれた!?

青い瞳を持つ美しい女神イズンは、**アース神族に永遠の若さをもたらしている黄金のリンゴ**を管理するという役割を担っていた。そのリンゴの木はアースガルズの中心に生えていて、神々はその木になったリンゴをイズンからもらって食べることで、若さと不死を維持していたのだ。ところがこの黄金のリンゴが、あるときアースガルズを揺るがす大事件をもたらす。

ある日のこと、オーディンは、アース神族の神へーニルと、ロキの3人で旅をしていた。ところが夕食を準備しているときに霜の巨人シアチが現われ、ロキを拉致《らち》してしまった。シアチはその解放の条件として、女神イズンを連れてくることを求めたから、いわば身代金目的の営利誘拐《ゆうかい》といったところか。そしてロキは、得意の策略を用いてイズンを騙し、結果としてシアチはイズンをリンゴごとさらってしまった。

老衰しはじめた神々のため、リンゴ奪還の旅に出発

イズンとリンゴの消えたアースガルズでは、神々に大きな変化が起こっていた。彼らは若さを失い老衰しはじめたのだ。じつは黄金のリンゴの効力は、それを管理するイズンがいなければ発揮されないのであった。

そこでオーディンは、ロキにリンゴとイズンの奪還を厳命する。もともとロキが拉致されたことではじまった騒動なのだから、この処置も当然と言えるかもしれない。命令を受けたロキは、鷹に変身するとシアチの暮らす巨人の国ヨトゥンヘイムまで飛び、なんとかイズンを発見する。ロキはイズンに呪文をかけてクルミの実に変身させると、それを持ってアースガルズに帰還するのだった。

しかし話はまだ終わらない。イズンを奪われ怒ったシアチは、鷲に変身してロキを追うが、アースガルズの城壁で待ち構えていた神々たちに焼き殺されてしまった。こうして危機が去ったのち、イズンはクルミの実からもとの姿に戻され、改めてリンゴを神々に与える。そしてようやく、神々は若さを取り戻したのだ。

オーディン

北欧神話の最高神であり、魔術と知識の神、戦の神、死の神ともいわれている。つばの広い帽子をかぶり、フギン（思考）とムニン（記憶）と呼ばれる2羽のカラスを飼い、8本脚の神馬スレイプニルで天空から死者の国までを駆け巡った。

知恵の泉オーミルの水を飲む代償に片目を捧げた彼は、知識と魔術を会得する。また、ルーン文字の秘密を知るために、自ら首を吊り、槍に突き刺されたまま九日九夜を過ごすという苦行に耐えた。

「アース神族は巨人族と戦い、世界とともに滅ぼされる運命にある」ことを予言。自らの運命を受け入れて、神々を組織化し戦の準備をした。自らの終わりもロキの息子フェンリルに呑み込まれて命を落とすと予言し、宿命通りに戦場で命を落とした。

ロキ

巨人族でありながら、オーディンと義兄弟となり神々の仲間として暮らす。気まぐれで頭の回転が速くいたずら好きで嘘つき。得意の変身術で女性にもなり、空飛ぶ靴で空中も海上も走れるロキは、一風変わった神で、厄介事を持ち込んだかと思ったら神々の味方としてピンチを救う。

神々が持つさまざまな武具や道具は彼によってつくられたり、奪ってきたりしたものだ。

雷神トールと仲が良く、2人で巨人の国を冒険している。その冒険でも、トールはロキの悪知恵で窮地を免れ、その狡猾さによりピンチにも陥ったりしている。

オーディンの愛息・光明神バルドルをつまらない虚栄心から殺し罰を受けた。このことが神々の世界の崩壊を招いたといわれる。

神々と巨人族との最終戦争（ラグナロク）で、巨人族のアングルボザとのあいだにもうけた怪物たちとともに、神々と対決。ヘイムダルと相打ちになり命を落とした。

ヴァルキューレ

死せる戦士の館ヴァルハラにすむオーディンの娘たちの総称がヴァルキューレだ。戦装束《いくさしょうぞく》をまとい、空飛ぶ馬に乗り戦死者の魂を狩り集めている。戦場で戦士の生死を決定する存在であり、血生臭い惨状を喜ぶ存在として恐れられていた。

しかし、ヴァルキューレに選ばれて死んだ者はオーディンの兵士となる栄誉を与えられることから、戦士たちの守護神として崇拝されるようになった。

トール

雷神として知られる北欧神話最強の戦神。赤毛の大男で乱暴者、巨人族に似ているといわれている。かならず敵に命中し、持ち主の手に戻ってくるミョルニルという槌を片手に、黒ヤギに引かせた戦車で空中を駆け巡る。このとき、戦車の轟音《ごうおん》が雷鳴となる。ロキと仲が良く、窮地を救われてもいる。

ラグナロクでは、大蛇ヨルムンガンドと一騎打ちとなり、頭を叩き潰したが、毒液を浴びて死んだ。

シグルズ

オーディンの血を引くシグルズが養父の指示で魔人ファブニルを殺し、黄金を生み出す魔法の指輪を手に入れる。このとき浴びた血で不死身となった。兄であるファブニルの財宝を手に入れるためという養父の姦計に気づき、養父を返り討ちにして旅に出る。

この指輪はロキが小人から強奪した破滅をもたらす呪いがかけられていた。この英雄譚が『ニーベルンゲンの歌』である。

ヘイムダル

神々の見張り番として知られるヘイムダルは、鳥よりも眠る時間が少なく、遠くまで見渡すことができる。侵入者を監視する役目柄、世界の隅々に音が響き渡る黄金の角笛を隠し持つ。ラグナロクがはじまるとき、この角笛が鳴り響き、すべての神を招集したという。

人間の男に変装し、3人の女と結婚。妻とのあいだに生まれた息子たちが、貴族、農夫、奴隷《どれい》という階級の基礎になったともいわれている。

3章

ケルト神話

まさに「ファンタジー」！

魔法や騎士が大活躍

ケルト神話の担い手はケルト人なのだが、ではケルト人とはどんな民族だったのかというと……、じつははっきりしたことはわかっていない。

それどころか、その姿は深い霧に包まれているといっても過言ではないのだ。

ここでは、おおよそ紀元前600年ごろに西ヨーロッパで暮らし、その後はローマやゲルマン民族によって追い立てられ、いまのイギリスやアイルランドに落ち延びていった人々が伝えていった神話が「ケルト神話」だと定義しておこう。

ケルト文化では、**書かれたものではなく記憶力に基づいた口承だけを真実とする、**いまとなっては独特ともいえる習慣があった。そしてケルト神話を構成する物語は、ドルイドと呼ばれる僧侶、予言者、そして魔法使いでもある存在のみが口伝えで受け継がれてきた。

しかしのちにイギリスにまでキリスト教の影響が及び、アーサー王が統治する時代になると、ようやくそれらの伝承が文字によって記録されるようになり、現代にまで伝わったのである。

◉どの神話よりも「ファンタジー」らしさを残した物語

そんなケルト神話、じつはいま私たちが一般的にファンタジー世界と聞いてイメージする、たとえば『指輪物語』（映画『ロード・オブ・ザ・リング』の原作）の世界にもっとも近い神話といえるかもしれない。

そこでは、派手な武具をまとった誇り高き戦士、謎に満ち魔術を駆使するドルイド、羽根のはえた妖精《ようせい》、言うこともやることも奇妙奇天烈《きてれつ》な小人など、まさに**「これぞファンタジー！」**といえる世界が広がる。

また、神々も絶対的な力を持たず、**主神もいなければ世界を創造した最初の神といえるような存在もない。それどころか、世界を創造するような明確な神話がないのも、ケルト神話の大きな特徴**といえるだろう。日本でたとえれば、国がその威信にかけてまとめあげた「古事記」「日本書紀」よりも、同時期に地方の民話をまとめた「風土記」に近い雰囲気をもっている。それだけに、ケルト神話に登場する神々、妖精、人々はみなおおらかに自由を楽しんでいるようにも感じる。

ケルト神話の流れ

Ⅰ ダーナ神族の来寇

「エリン（現在のアイルランド）」にさまざまな種族が入植し、やがてフィル・ヴォルグ族が支配権を確立。だが神の一族とされるダーナ神族がフィル・ヴォルグ族を破る。

▼

Ⅱ ダーナ神族の敗北

フォモール族とダーナ神族の血をひくブレスは圧政を敷き、追放される。ブレスはフォモール族を率いて逆襲に出るが、ダーナ神族により撃退される。今度はミレー族がダーナ神族から支配権を奪う。

▼

Ⅲ アルスター神話群① コノール王

アルスター国の王コノールは、婚約者として育てた娘のデアドラを戦士ノイシュに奪われたため、ノイシュを謀殺し、デアドラは自殺する。戦士たちは王に愛想を尽かし去っていく。

▼

Ⅳ アルスター神話群② 戦士クー・フーリン

コノールの甥で勇敢な戦士クー・フーリンは、アルスター国を守るため、コナハト国の女王メイヴと戦う。勝利するも、メイヴの放った刺客によって非業の死を遂げる。

Ⅴ

フィン・マックールの誕生

アイルランドを守るフィアナ騎士団は、バスクナ氏族とモーナ氏族に分かれ、勢力争いを繰り広げていた。バスクナ出身の団長クールはモーナ氏族の娘と恋仲となり、フィン・マックールが生まれる。

Ⅵ

フィアナ騎士団の最期

ドルイド（僧侶）に育てられたフィンはフィアナ騎士団の団長となる。アイルランドへの侵入者と戦い続けるが、晩年、婚約者を取り合い、戦士ディムルッドを殺害し、求心力を失う。

Ⅶ

マビノギ4枝

ウェールズのダヴェドを治めるプリデリは、ブリダイン王ブランとイウェルゾンの人々との争いで戦功を挙げるも、グウィネスの王マースとその甥の諍いに巻き込まれ命を落とす。

Ⅷ

アーサー王物語

聖剣エクスカリバーを抜いたブリテン島のアーサー王は、ランスロット、ガウェイン、トリスタンら円卓の騎士を率いて戦い続けるが、甥モルドレッドの反乱で命を落とす。

1 戦士クー・フーリンを苦しめた「死の誓い」

鬼神と化して戦う半神半人の英雄がはめられた罠

クー・フーリンは太陽神ルーとアルスター国の王妹とのあいだに生まれた、**ケルト神話のなかでもっとも名高い半神半人の戦士**である。

彼は戦場で高揚すると**「ねじれの発作」**と呼ばれる状態になる。この発作がはじまると、まず体が激しく震え出し、肉体が巨大化。さらに、髪の毛が逆立ち、片方の眼が頭にのめり込み、もう片方の眼が頬に突き出るという怪物のような姿に変身し敵を恐れさせたという。だが、味方としてはこれほど心強い存在はいないし、普段は美しい顔立ちをしていたため、多くの女性に愛されたともいう。

ちなみに、クー・フーリンというのは通称で、本当の名はセタンタである。幼いころ、鍛冶屋のクランの飼っていた巨大な番犬を素手で殺したことから、「クランの番犬（クー・フーリン）」と呼ばれるようになったのだ。

そんな、クー・フーリンには数々の戦いと冒険の伝承が残されている。そのなかでも一番有名であり、かつこの英雄にとって最後の戦いとなったのが**「クーリーの牛争い」**と呼ばれるものだ。

大軍をひとりで打ち破る

ことの発端は、アルスター国と敵対していたコナハト国で、王アリルと女王メイヴが互いの財産を比べ合ったことであった。王が所有する立派な雄牛を除いて、両者の財産は互角で、メイヴは夫に勝つため、アルスターにいる白い巨牛がどうしても欲しくなった。そこで、軍を率いてアルスターに侵攻する。

しかし、ちょうどそのときアルスターの軍隊は、戦争の女神マハの呪いによって動けなくなっていた。戦えるのは神の血を引いているために呪いを免れていたクー・フーリンだけである。

彼は孤軍奮闘し、なんとかコナハトの軍勢を打ち破ることに成功する。そのさい、メイヴも捕えたものの、女性を殺すことを善しとせず、解放してやった。

こうして平和が訪れたかと思われたが、メイヴはクー・フーリンへの復讐に燃えていた。そして、彼に父と兄を殺されたという3人の呪術師の姉妹を味方に引き入れる。

己に課した「誓約」により命を落とす

ところで、古代ケルトの戦士たちには「**ゲッシュ**」と呼ばれる誓約の習慣があった。これは、**自らに何か制約を課し、それを守り通すことを名誉とする**というものである。もちろん、クー・フーリンもいくつかのゲッシュを己に課していた。

さて、コナハトとの戦いに勝利し、クー・フーリンが自分の城へ戻る帰り道、彼は川の浅瀬で女が血塗られた甲冑《かっちゅう》を洗っている不思議な光景を目にする。よく見てみると、その甲冑はクー・フーリンが愛用しているものにそっくりであった。**女性は死を予告する妖精バンシー**だったのである。

不吉な予感に囚われながらも、クー・フーリンは帰路を急いだ。すると、今度は森のなかで3人の老婆と出会い、串焼きの犬肉を勧められる。クー・フーリンは「身分が下の者からの食事を断らない」というゲッシュを課していたので、これを口にしてしまう。

しかし彼は、幼少期にある手違いから人の番犬を殺してしまったことがあり、それ以降「犬の肉は口にしない」というゲッシュも背負っていた。そのため、犬肉を食べたとたん、クー・フーリンは体が痺《しび》れて動けなくなってしまう。

じつは3人の老婆は、メイヴの雇った呪術師が化けたものであり、彼のゲッシュを知ったうえで罠《わな》にかけたのだ。

この結果、無力化した戦士はメイヴの軍勢に囲まれ、体を槍で貫かれてしまう。それでもクー・フーリンは、こぼれ落ちた内臓を水で洗って腹におさめ、倒れそうになる体を自ら石柱に縛りつけると、最後まで誇り高く、立ったまま絶命したという。

2

騎士団長フィン・マックールの波乱の怪物退治

親指をなめれば知恵がわいてくる「不思議な力」

ケルト神話において、クー・フーリンと並んで名高い英雄が**フィン・マックール**である。彼はクー・フーリンから300年ほどのちの時代の人物とされており、アイルランドの大王コーマックを守るフィアナ騎士団の団長だ。

フィンの父は先代のフィアナ騎士団の団長クール、母はダーナ神族の王ヌアザの血を引くマーサである。しかし、マーサの父は2人の結婚に反対しており、騎士団の一員であるゴルを刺客として差し向け、クールを殺してしまう。幼い我が子の命も危険にさらされていると感じたマーサは、信頼していた2人の侍女《じじょ》にフィンを預け、どこか遠くへ逃げるよう頼んだ。

こうして、フィンは荒野で侍女に育てられることとなった。

「知恵の鮭」を食べたことで魔法の力を身につける

やがて時が経ち、成長したフィンは己の出生の秘密を知ると、亡き父の後を継ぎ、フィアナ騎士団長になることを誓った。そこで、ボイン川のほとりに住んでいる魔法に通じたドルイド僧フィネガスの弟子となる。

多くの弟子たちと一緒にフィネガスのもとで修行を積みはじめてから7年ほど経ったある日のこと。フィネガスは、食べたものにあらゆる知識を与えるという知恵の鮭《さけ》を捕まえてくると、弟子たちに調理するよう命じた。だが、同時に弟子たちには絶対に鮭を食べてはいけないとも言いつける。ところが、フィンは料理中に油が親指にはね、それをなめてしまう。

フィンが調理し終わった鮭を師匠の前に持って行くと、フィネガスは鮭を食べたかどうか聞いてきた。フィンが親指をなめたことを正直に告白すると、フィネガスはフィンに鮭を食べさせてくれた。これ以降、**フィンは難題にぶつかったとき親指をなめることで知恵を得られるようになり、さらに両手ですくった水でけが人や病人を治せるようになった**という。

魔法の槍で手柄を立てる

知恵と癒しの力を得たことで自信をつけたフィンはフィネガスのもとを辞すと、いよいよフィアナ騎士団長になるため王宮へと向かった。

大王コーマックに自分の出生を明かすと王は歓迎してくれたが、騎士団長になるための条件を出してきた。それは、この20年間、毎年サワランの祭りの日になるとやってきて宮殿を燃やしてしまう**アレン・マックミーナというひとつ目の怪物を退治する**というものであった。

この怪物は竪琴の音を聞いたものを眠らせるという魔法を使い、護衛たちが眠っている隙《すき》に宮殿を燃やしてしまうのである。そのため、これまで誰ひとりとして退治することができなかったのだ。

さすがのフィンも、いくら親指をなめたところで怪物を倒す知恵は少しも浮かんでこなかった。しかし、苦悩していると、フィンの父に恩義を感じていた騎士のひとりが**魔法の槍**をフィンにそっと手渡してきた。これは、神々の刀鍛冶レインが作ったものので、穂先を額に当てることで眠気を消せるという力を秘めたものであった。

フィン・マックールの生涯

モーナ氏族との争いで父を失い、隠遁生活を送る。

→ ドルイドのフィネガスの元で知恵の鮭の脂を得る。

→ 怪物を退治して、フィアナ騎士団の団長に就任する。

→ アレイの丘を拠点にアイルランド全域を巡りながら活躍する。

→ 婚約者グラーニャがディルムッドと駆け落ちすると、嫉妬からディムルッドを殺害し人望を失う。

この魔法の槍を使ってアレン・マックミーナの音色を打ち破ったフィンは、怪物に果敢に立ち向かっていった。怪物は炎を吐いて迫ってきたが、フィンは恐れることなく、アレン・マックミーナの首を切り落とすことに成功する。

これにより、見事フィンはフィアナ騎士団の団長となったのである。その後、フィンは父の仇であるゴルを許して配下にしたとも、決闘によって仇を討ったとも伝えられている。

以後、**フィンの指揮の下でフィアナ騎士団は最盛期を迎えた**。多くの優秀な戦士たちが集い、その数は3000人を超えたという。

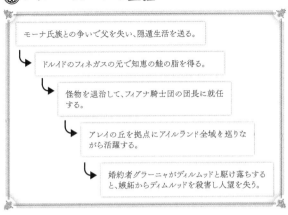

3 美しき処女・アリアンロッドが受けた屈辱とは？

兄にはめられた女神が、魔法の杖をまたぐと……

ウェールズのグウィンネッズの領主マスは、**戦いのとき以外はいつでも処女の乙女の膝の上に足を乗せていなければ死んでしまう**という宿命を背負っていた。そのため、マスはゴーウィンという美しい娘に常に自分の足を支えさせていたが、マスの妹の息子にして女神ダヌの子ともされるギルヴェイスウィがゴーウィンに好意を持ってしまう。

ギルヴェイスウィが魔法使いである弟のグィデオンに相談すると、彼は魔法でマスを戦場に追いやり、ギルヴェイスウィはその隙に思いを遂げた。だが、そのことがマスにばれてしまい、2人はマスの魔法で動物に変えられてしまう。

3年後、ギルヴェイスウィとグィデオンの罪は許され、人間の姿に戻ることができたが、マスからゴーウィンの代わりの娘を見つけてくるよう命じられる。そこでグィデオンが領主に差し出したのは、**彼の妹であり、月の女神でもあるアリアンロッド**であった。

望まない我が子に呪いをかけた月の女神

アリアンロッドは非常に美しい顔立ちをしていたが、マスは彼女が処女かどうかを疑い、自分の魔法の杖をまたがせて判定しようとした。アリアンロッドは自分が処女であると信じていたが、杖をまたいだ瞬間、2人の赤ん坊を産み落としてしまう。

じつは**グィデオンは妹のアリアンロッドを愛しており、魔法を使って密かに交わっていたの**だ。知らないあいだに処女を奪われ、しかもそれを衆人のもとでさらされてしまったアリアンロッドは、生まれた子供たちを深く憎んだ。

最初に生まれた子は、すぐにディランと名づけられたが、2人目の子供にまだ名前がつけられていないことに気づいた彼女は、その子に「自分が与えるまでは彼は名前を持つことがない」、「自分がつけてやるまでは、武具を装備することがない」、「けっして人間の妻を持つことはない」という3つの呪いをかけると、姿を消してしまったという。

4 「不幸の予言」がつきまとうデアドラ……その過酷な運命

美女が恋に落ちたとき、災いが現実に

デアドラはアルスターの王コノールに仕えるフェリミの娘として生まれた。だが、生まれたとたん、ドルイド僧のカスバドに**「素晴らしい美女になるが、多くの災いと死をもたらすだろう」**と予言され、**「危険」を意味するデアドラと名づけられた。**

アルスターの騎士たちは、災いが起きる前にデアドラを殺してしまうことを提案するが、コノールは彼女を自分が育て、のちに妻にすると宣言して引き取った。その後、デアドラは王の庇護のもと砦《とりで》に隔離され、養育される。

やがてデアドラが美しく成長すると、コノールは彼女に求婚した。ところが、王の知らないあいだにデアドラは騎士のノイシュと恋仲になっており、彼の兄弟たちとともにスコットランドへ逃亡してしまった。激怒したコノールは、彼女とノイシュに追

手を差し向ける。

死後、2本の樹となって固く結ばれた恋人たち

コノールが送ったアルスターの騎士たちとノイシュたちは幾度も激しい戦いを繰り広げ、多くの戦死者が出た。しかし、最終的にはコノールの計略により、ノイシュはファーンマグの王イーガンに殺され、デアドラも連れ戻されてしまう。

アルスターに戻されたデアドラの沈鬱《ちんうつ》な様子を見たコノールは、彼女に「何が一番嫌いか?」と尋ねた。するとデアドラは、**「愛するノイシュに死をもたらしたコノールとイーガン」**と答えた。これを聞いたコノールは不快になり、デアドラを馬車に乗せ、彼女を挟《はさ》む形で自分とイーガンも乗り込み、馬車を走らせた。

この仕打ちに絶望したデアドラは疾走する馬車から身を投げ出し、岩に頭を打ちつけて自殺してしまう。

のちにデアドラの墓からはイチイの樹が生え、ノイシュの墓からもイチイの樹が生えた。そして、**2本のイチイの樹の枝は絡《から》み合い、二度と引き離すことができなくなった**という。

5 英雄フィンの名誉に泥を塗った「老いらくの恋」

裏切った婚約者の駆け落ちは、思いもよらぬ結末に……

フィアナ騎士団の団長として数々の栄光に包まれている英雄フィン・マックールだが、晩年になると、その栄光に自ら泥を塗るような行為をしている。

老年にさしかかり、妻に先立たれたフィンは、寂しさから**コーマック王の娘グラーニャと婚約**した。

だが、老人であるフィンとの結婚を嫌がった彼女は、フィアナ騎士団の若き騎士ディルムッドに強引に迫り、無理やりゲッシュによって彼を縛ると、駆け落ちしてしまった。

面目が丸潰れとなったフィンは騎士団員たちに、ディルムッドを殺し、グラーニャを連れ戻すよう命じる。

部下の心が離れていく……英雄の取った行動とは

フィンによる追跡は執拗《しつよう》だったが、駆け落ちした2人は巧みに逃げ回った。この追跡劇は、16年間も続いたという。ただ、これほど時間がかかったのは、騎士団員たちが朋友《ほうゆう》であるディルムッドを殺すことに気乗りしておらず、また老いらくの恋に狂って部下の命を軽んじるフィンに良い感情を持っていなかったためでもあった。

やがて、**フィンは自分の無謀な命令により、多くの騎士たちの命が失われ、部下の心が離れていっていることに気づいた**。いっぽう、ディルムッドのほうも長年の逃走に疲れ果て、養父であり、愛と美の神であるオィンガスにフィンとの和睦《わぼく》の仲介を頼んだ。その結果、両者は和解することとなる。

しかし、フィンのディルムッドに対する恨みは消えていなかった。あるとき、ディルムッドが大けがをしてしまった。フィンは魔法の癒しの手で彼を助けることができたが、**その力を使わず見殺しにしてしまう**のだ。そして、とうとうグラーニャと正式に結婚してしまう。だが、この愚かな行動によって配下の騎士たちの反発はいっそう強まり、フィアナ騎士団は次第に衰退していく。

6 オシーンが訪れた伝説の楽園「常若の国」

白馬と乙女に誘われた若者を待ち受けていたものとは

ケルト神話の伝承には、**「常若《とこわか》の国**（ティル・ナ・ノーグ）」と呼ばれる楽園がたびたび登場する。そこはダーナ神族が人間たちに追われて隠れ住むようになった土地であり、**そこで暮らす者はいつまでも年を取らない**とされている。そんな常若の国にまつわる伝承のなかでも、とくに有名なのがフィアナ騎士団の団長フィン・マックールの息子であるオシーンのものだ。

あるときオシーンが父とともに森で狩りをしていると、白馬に乗った美しい乙女と出会った。彼女はニアヴという名で、常若の国の王の娘であり、オシーンを迎えに来たという。ニアヴに一目惚れしたオシーンは彼女の白馬の後ろにまたがると、父を森に残して常若の国へと向かってしまった。

馬から降りた瞬間に……

やがて常若の国についたオシーンは、美しい自然のなかで暮らす高貴な人たちを目にする。彼らはオシーンを歓待し、祝宴が何日も続いた。オシーンの傍《かたわ》らには常にニアヴがおり、夢のような楽しい日々のなか、いつしか3年の月日が経っていた。

そんなある日、ふとオシーンは父や友人たちに会いたくなり、ニアヴに自分を帰してくれるよう頼む。彼女は反対したが、オシーンが強く望んだため、やむなく帰郷を許した。だが、常若の国に来たときに乗っていた白馬で帰り、**故郷に着いても絶対に白馬から降りてはいけない**と、オシーンに約束させる。

オシーンが久しぶりに故郷に戻ると、なぜか知らない人ばかりが暮らしていた。不思議に思った彼が通りかかった人に尋ねてみたところ、もうずいぶん昔にフィアナ騎士団はなくなっているという。**常若の国で3年過ごしているうちに、人間世界では数百年の時が流れていた**のである。

その後、オシーンは不注意から白馬を降りてしまい、その瞬間に老人になってしまったと伝えられている。

7 魔眼の怪物を倒した太陽神ルーの秘策

先住魔族との熾烈な戦い

アイルランドにあとからやってきた**ダーナ神族**と、先住していた魔族である**フォモール族**の戦いは長きにわたったが、それに決着をつけたのが**ダーナ神族の太陽神ルー**である。彼はフォモール族のひとつ目の魔王バロルの娘エスリンと、ダーナ神族のキアンとのあいだに生まれた子であった。

バロルは「エスリンの産んだ子に殺される」という予言を知ったため、娘を監禁して子供を産まないよう監視していた。しかし、彼女はこっそりルーを産み落とすと、ダーナ神族に預けた。

その後、ルーはキアンの兄弟である海神マナナーン・マクリールと鍛冶の神ゴブニュのもとで戦士として育てられることとなる。

「見ただけで人を殺す」怪人との対決

やがて立派な戦士に成長したルーは、フォモール族との決着をつけるため、祖父であるバロルを討つ決意をする。

だが、**バロルは見ただけで相手を殺すことができる魔眼の持ち主**であり、そのまぶたは普段は閉じられているが、戦場では従者が４人がかりで持ち上げ、視線で敵を皆殺しにするという恐るべき怪物であった。

しかし、バロルを倒さなければ、ダーナ神族の勝利はない。両軍がモイトゥラの丘で激突すると、ルーは果敢にバロルに立ち向かっていった。そして、ダーナ神族の戦士数人がかりで怪物のまぶたを強引にこじ開けると、魔眼が効力を発揮するより早く、石の礫《つぶて》でその眼を撃った。

バロルは叫び声を上げて倒れ、その拍子に魔眼が頭部から背後に転がり落ちると、**その眼に見られたことでフォモール族たちは全滅してしまう**。

こうして、ダーナ神族は宿敵フォモール族に勝利を収め、アイルランドの覇権を握ることとなったのである。

8 死へと続くアーサー王の転落の道

「円卓の騎士」を率いた英雄王の晩年

アーサー王と、彼に仕えた「円卓の騎士」の物語は、まさに中世のファンタジーの世界そのものだ。

アーサー王といえば、**「これを引き抜いた者は王となるだろう」と刻まれた台座に刺さる剣を、やすやすと引き抜いた**エピソードが有名だ。この後ブリトン人たちの王となったアーサーは、魔法使いマーリンの助けを得ながら名君となり、湖の乙女から聖剣エクスカリバーを入手したり、巨人退治やローマ遠征などを行なった。こうしたアーサー王の英雄譚は、ケルトの神話・伝承のなかで大きな位置を占めている。

また、**円卓の騎士**と呼ばれるランスロットを筆頭としたアーサー配下の騎士たちの物語も有名だ。しかし、この伝説的な王は、戦場で我が子に殺されるという悲劇的な

最期を迎えている。ここでは、15世紀後半に完成したといわれる『アーサー王の死』という長い物語をベースに、そんなアーサー王の晩年に降りかかった災難に焦点を当てて紹介しよう。

不義の子の暗い野心

じつはアーサーには、異父姉モルゴースとの近親相姦でできたモルドレッドという不義の子がいた。あるとき、使者として宮廷にやってきたモルゴースに思いを寄せたアーサーは、それが自分の姉とは知らぬまま一夜を過ごしてしまったのだ。

こうしてモルドレッドが人知れず誕生するころ、魔術師にしてアーサー王の助言者であるマーリンが「5月1日に生まれた子が、アーサー王と王国を滅ぼすだろう」と予言したため、アーサー王は国中にお触れを出し、5月1日に生まれた貴族の血をひく乳児を強制的に集め、船に乗せて海に流す。モルドレッドもその船に乗っていたのだが、岸に打ち上げられてなんとか生き延び助けられる。そして14歳になったとき、アーサー王の宮廷に入るのだった。

その後モルドレッドは成長し、ついには円卓の騎士の一員となるのだが、いつしか父から王位を奪おうという野心を抱くようになっていった。

モルドレッドの野心は、**まずアーサーと、彼が円卓の騎士のなかでもっとも信頼するランスロットを不仲にするという策略からはじまった。**彼は、アーサー王の妃グィネヴィアとランスロットの道ならぬ恋、つまり不倫の現場を取り押さえ、その事実を王に密告したのだ。

それを聞いたアーサーは、自らランスロット討伐《とうばつ》のためフランスに出陣することを決め、自分が不在のあいだモルドレッドを摂政《せっしょう》に任命し、国の守りを任せてしまった。

この機会を待っていたモルドレッドは謀反《むほん》を起こし、アーサーがフランスで敵の手にかかり討ち死にしたという手紙を偽造してまんまと王位に就く。そして王妃グィネヴィアを自分のものにしようとするのだが、グィネヴィアはそれに従うふりを見せつつ、隙をみてロンドン塔に立てこもって難を逃れた。

息子と戦うことになった王の末路

慌てたアーサーは軍勢とともにフランスから引き返し、まずフランスとイギリスを挟むドーヴァー海峡のイギリス側に上陸を試みる。はじめは善戦するモルドレッド軍だったが、次第にアーサー王の軍勢が優位に立ち、ついには上陸を成し遂げた。

その後もアーサー王の進撃は続き、ついにはソールズベリの近くで10万の兵を率いるモルドレッドとの最終決戦の火蓋《ひぶた》が落とされる。激戦の末、最後まで生き残ったモルドレッドとアーサーは、騎打ちとなり、アーサーは槍でモルドレッドを貫き、倒すことに成功。しかし**死を覚悟したモルドレッドが、槍で胴体を貫かれたままアーサーへにじり寄り、渾身《こんしん》の力で剣を振ってアーサーの側頭部へ一撃**を食らわせる。こうしてモルドレッドは死に、またアーサーも瀕死《ひんし》の重傷を負うのだった。

その後、アーサーは聖剣エクスカリバーを湖に返してから亡くなったとも、幻のアヴァロン島へ小舟で渡り、消息を絶ったとも伝えられている。

神と英雄の横顔

クー・フーリン

太陽神ルーの息子で、美しく快活で女性にもてた。しかし、戦場では悪鬼に変わり、戦車を敵の首で飾り、雄叫びを上げながら駆け巡り、負け知らず。最期も戦場で迎え、敵の魔女から肩と手が萎《な》える魔法をかけられるが、最後まで諦めず柱に体を縛りつけて戦うが絶命した。

常に女性のあこがれの的であり、名声はイングランドにまで鳴り響く。

フィン・マックール

師である僧フィネガスのもとで、森の中で育ち、「知恵の鮭」を食し、神童となった。冥府の酒を飲んだことで予言と超自然を知る才能も与えられたともいわれている。

戦士としても飛び抜けた才を持ち、たった8歳にしてアイルランド王を守るフィアナ騎士団の首領《しゅりょう》に迎えられた。

以後、自然界、超自然界からの外敵を退治するアイルランドの守護者として活躍する。

アリアンロッド

ダーナ神族の大母神ダヌの娘にして月の女神。兄のグィディオンに恥をかかされた彼女は（127ページ）、自らが産んだ双子のうち2番目の子に「自分が与えるまで名前を持てない」というゲッシュをかける。しかしグィディオンの巧妙な作戦により、その子にはリューという名がついてしまった。

怒った彼女はさらに2つのゲッシュをかけるが、こちらもグィディオンの魔法で無力化されてしまう。

アーサー王

神話のキャラクターであると同時に民間伝承など伝説上の王であるアーサー王。実在したかどうかについてはいまなお議論が分かれる。

彼の王国はログレスと呼ばれ、その都であるキャメロットには、アーサーの城が築かれていた。

彼と円卓の騎士たちが、聖書に描かれる最後の晩餐《ばんさん》で使われたという聖杯を探す冒険に出る、いわゆる「聖杯探索」は、神話とキリスト教の融合を感じさせる。

4章

インド神話

個性豊かな神々が暴れまわる
「混沌」の世界！

世界四大文明のひとつ、**インダス文明**は紀元前3000年ごろに成立したとされるが、そのころにインドの人々が信仰していた神々の物語は残されていない。

その後、時代がくだって紀元前2000年ごろになると、今度はアーリア人たちがインドにやってきて、この地を征服する。現在残っているインド神話に登場する神のうち、もっとも古い神々がこの時代に信仰されていた神で、その名は「リグ・ヴェーダ」という聖典に残されている。本書で紹介するなかでは、**インドラがこのもっとも古い神の一員である。**

さらに紀元前900年~前700年ころになると、司祭階級バラモンがその権力を強めていく。そのなかで世界、いや宇宙を創造した最高神として**ブラフマー**が表舞台に登場し、さらに**サラスヴァティー**などブラフマーに連なる神々が登場する。いわば**インド神話の2期メンバー**だ。

3期メンバーは、紀元前500年ごろから成立しはじめた**「マハーバーラタ」と「ラーマーヤナ」という2つの叙事詩に収録された神々の物語**である。破壊神シヴァや救済神ヴィシュヌなどがこの時期の神々の代表的な例である。

インド神話は、このように3000年という長い時代をかけて成立した、スケールの**大きな体系**なのだ。

◉名前が違うが同一の神も、名前が同じなのに別々の神もいる

このようなスケールのインド神話だから、そこに登場する神々の数も膨大だ。一説には、数千もの神の名があり、しかも名前は違うが同じとみなされる神、反対に名前は同じだがまったく別個とされる神など非常に混沌《こんとん》としている。そう、インド神話を一言で言い表すなら、それは**「混沌」**なのであった。

そんなインド神話のハイライトといえば、一般的に「乳海攪拌神話《にゅうかいかくはんしんわ》」と呼ばれるものである。

不老不死の妙薬アムリタをつくり出すため、神々はアスラ族と協力して海を攪拌するのだが、なかなか一筋縄ではいかず……という巨大な亀や蛇も登場する神話なのだが、その詳細はあとに譲ろう。

インド神話の流れ

Ⅰ

三大神

世界を司る、ブラフマー、ヴィシュヌ、シヴァの三神。ヴィシュヌから生まれたブラフマーが創造した世界が、シヴァによって破壊されるサイクルが繰り返される。

▼

Ⅱ

乳海攪拌

不死の薬「アムリタ」を求めた神々は、マンダラ山を引き抜いて攪拌棒とし、1000年にわたり海を攪拌。結果、海水は乳白色となり、「アムリタ」が出現した。

▼

Ⅲ

インドラのヴリトラ退治

雷神インドラは、地上を飢饉に陥れる蛇ヴリトラを退治するために生まれたという。インドラはヴリトラに一度は敗れるものの、弱点をついて退治し、地上に降雨をもたらした。

▼

Ⅳ

シヴァの神妃

神妃サティーの死に、シヴァは錯乱状態になり、町を次々に破壊していった。そこでヴィシュヌがシヴァを正気に戻したという。その後、シヴァはパールヴァティーを正妃とした。

Ⅴ

ドゥルガーとカーリー

アスラの王との戦いに敗れた神々は、女神ドゥルガーを生み出す。ドゥルガーはアスラの軍勢を圧倒し、アスラ王を討ち取った。ドゥルガーの頭からは殺戮の女神カーリーが生まれた。

◀

Ⅵ

ガネーシャ

見知らぬ子供に邪魔をされ激怒したシヴァは、子供の首を刎ねてしまう。しかしその子は妻パールヴァティーがつくったガネーシャであった。悲嘆に暮れる妻のため、シヴァはゾウの頭に挿げ替えた。

◀

Ⅶ

「マハーバーラタ」

名門バラタ族の5王子は、策略により領土を奪われてしまう。5王子は決起して戦争が勃発。ヴィシュヌの化身クリシュナらが加担し、5王子は勝利を収め王位を得たという。

◀

Ⅷ

「ラーマーヤナ」

コーサラ国のラーマ王子は美しいシーターを妻とするが、継母の策略で追放される。さらに鬼神ラーヴァナにシーターを奪われ、猿神ハヌマーンらの協力を得てラーヴァナを討つ。

1
「破壊の神」シヴァにだけ備わっていた「第三の目」

すべてを焼きつくす好戦的な神の「意外な一面」

ブラフマー、ヴィシュヌとともにヒンドゥー教3柱のひとつとして扱われているシヴァ。これらの神を同一と見なす**「三神一体」**と呼ばれる考え方は、ヒンドゥー教の教理となっている。

偶像上のシヴァの特徴としては、端正な顔立ち、青黒い筋肉質の体、もつれた長髪、首に巻いた毒ヘビ、眉間《みけん》にある第三の眼、三日月の装飾具、たえず傍らに置いている三叉の槍などが挙げられる。総じて雄々しく描かれている。

古代においては、雷鳴と稲光を放ち、激しい雨や風を起こして大地に壊滅的なダメージをもたらす「暴風雨の神」であった。そのため「取り消す者」「取り去る者」と呼ばれ、**自然の破壊力を示す「破壊の神」**として広く知られている。

ところが、シヴァはさまざまなものを破壊するだけの存在ではない。彼は**「再生」や「復活」、「創造」にも深くかかわっている。**さらに解脱《げだつ》や瞑想、芸術、ヨーガなどの神でもあり、冷酷さと慈悲深さなど相反する複数の性格を持った多義的な神でもあるのだ。

シヴァが、破壊と同時に創造も司る神であることを端的にあらわす神話がある。大筋は次のようなものだ。

「修行」を邪魔する神に炎を発射

シヴァが、ヒマラヤ山脈にそびえるカイラーサ山で苦行に没頭していたときの話だ。インドラ神は**シヴァと女神パールヴァティーを結びつけるために、シヴァのもとへ欲望の神カーマを派遣**した。カーマの「欲望の矢」で射られた者は恋愛感情を引き起こされるという。

そのいっぽうで、カーマには苦行者の邪魔をする「障害の魔王」という側面もあった。このときのカーマは、シヴァにとって、まさに邪魔者だったのだ。

瞑想中のシヴァに向けて放たれたカーマの欲望の矢は見事シヴァに命中。シヴァはその衝撃で覚醒《かくせい》し、一瞬心を乱されたものの、すぐに何が起こっているのかを悟った。そして苦行を止められたことに怒り、**第三の眼から炎を発射**したのだ。炎を浴びたカーマは灰になってしまう。これぞ破壊の神の真骨頂。なお、のちにカーマにつけられたアナンガという別名は「身体なき者」という意味だ。

「破壊と創造」、「死と再生」の循環サイクルを司る

この逸話だけを見れば、シヴァは単なる好戦的な破壊の神だ。ところが、ヒンドゥー教で広く信仰されている神クリシュナにまつわる神話によれば、カーマはのちにシヴァ自身の手によって、愛の神プラデュムナとして復活する。カーマはクリシュナとその妃ルクミニーの子として再生するのだ。

また、ほかの神話によれば、「シヴァが女神パールヴァティーを受け入れ、結ばれるとき、シヴァはカーマに肉体を返すだろう」という天の声（予言）もあったという。つまり、**シヴァは肉体を再生させる力を持っている**ということだ。

これらの神話をじっくり読み解けば、**シヴァが司っているのは破壊と創造、死と再生の循環サイクルそのもの**であることがわかってくる。

太古に暴風雨の神であったシヴァは、ときに山肌を削り、木をなぎ倒した。また大洪水を発生させ、田畑や農村を破壊する「取り去る者」だった。

しかしそのいっぽうで、大地に新陳代謝が起こり、新たな生命を生み出す土壌が生まれた。土地を肥沃《ひよく》にし、人々が生活しやすい平野をつくり出した。

このようにシヴァは新たな生命を生み出す神でもある。このことから、通常「リンガ」と呼ばれる男性器を模した石がシヴァの象徴となっている。

シヴァは性的なエネルギーの権化でもあるため、偶像上のシヴァは雄々しく、かつなまめかしく描かれているのだ。

2 変幻自在の神ヴィシュヌは「縁の下の力持ち」！

世界が破滅に向かうとき、地上に降り立つ救済神

ブラフマー、シヴァとともにヒンドゥー教の3柱を成す神格ヴィシュヌ。名前の語源は「行きわたる」という意味だ。

偶像としては、古代の王族のような豪華な衣装を身にまとった、青黒い肌をして美青年として描かれることが多い。4本の腕を持ち、下の左手にはパドマ（紅蓮華《ぐれんげ》）、下の右手にはカウモーダキー（棍棒《こんぼう》）、上の左手にはバーンチャジャニヤ（法螺貝《ほらがい》）、上の右手にはスダルシャナ・チャクラ（輪宝《りんぽう》）を持っている。

ヴィシュヌの最大の特徴は、**世界が悪の脅威にさらされたとき、世界を維持して修復する救済神として地上に降り立つ**ことだ。

しかも、**おのれの本質の一部をさまざまな姿にアヴァターラ（化身）させて現われ**

るという。ヒンドゥー神話においては、10の化身がよく知られており、信仰の対象となっている。

半魚人、カメ、イノシシなど10の化身が大活躍

ヴィシュヌの第一の化身は、「上半身は人間、下半身は魚」という姿のマツヤだ。神話では、マツヤは太古に大規模な洪水が起こったとき、人間の祖先マヌとすべての生物を船に乗せてヒマラヤの山頂まで引っ張っていった。こうして人類を含む生物は生き残ったと伝えられている。

インド神話の宇宙観で宇宙を支えるカメのクールマは、ヴィシュヌの第二の化身だ。天地創造の神話のうち、不死の霊薬アムリタをつくりだす「乳海攪拌」のさい、海底で作業を支えたのがクールマだといわれている。

このほかに、悪魔により水中に沈んだ大地を持ち上げたイノシシのヴァラーハ、魔王ヒラニャカシブを追放した人獅子ヌラシンハ、魔王バリを冥界へ追い払った小人のヴァーマラなど、10の化身が世界を救済してきた。助けを求める者にはかならず救済をもたらすヴィシュヌは、ヒンドゥー教徒にもっとも敬愛されている神といえよう。

3 創造神ブラフマーが偉くなれない「ワケ」

「超越的」すぎて人間と縁遠い存在に

ヒンドゥーの「三神一体」を構成する1神で、**宇宙の創造神とされているブラフマー**。元来は、「宇宙の根本原理」を象徴する概念「ブラフマン」であった。それがのちに擬人化され、男性神ブラフマーとなったという。

偶像に見られる特徴は、東西南北を向いている4つの顔に4つの腕を持つ、白い髭《ひげ》の老人であることだ。4つの顔は聖なる書物であるヴェーダ四書を書き写したことにちなんでおり、白い髭は経験と知識の象徴とされている。

宇宙に何もなかったころ、**ブラフマーは天や地を創造**した。また、自らが生み出した「言葉の女神」ヴァーチュと近親相姦を行ない、**人間を誕生させた**。これがインドの創世神話だ。

ブラフマーはこのように創造神という重要な役割を担っていながら、じつは3神での地位はシヴァやヴィシュヌより低い。それを裏づけるこんな伝承がある。

「宇宙の創造者」を決める対決の勝者は⁉

ブラフマーは、もともとは5つの顔を持っていた。それが、無礼な話し方をしたという理由でシヴァの逆鱗《げきりん》に触れ、シヴァの爪で首を斬り落とされたというのだ。

こんな物語もある。あるとき、「誰が宇宙の創造者であるのか」というテーマで、ブラフマーとヴィシュヌが激論を交わした。このときブラフマーはハンサ（乗り物としている鳥）、ヴィシュヌは猪に、それぞれ変身して競い合った。

ところが、横から入ってきたシヴァが圧倒的な力を見せつけ、ブラフマーから創造神の地位を奪い取ったというのだ。ある伝承によれば、世界を創造したのはシヴァの男性器であり、ブラフマーはシヴァの崇拝者に過ぎないと位置づけるものもある。

シヴァやヴィシュヌは積極的に人間世界とかかわる神であるのに対し、ブラフマーは超越的で抽象的な存在だ。そのため**人間からすれば縁遠い存在になってしまったその結果、神話での地位が2神より下がってしまった**のではないだろうか。

4

ガネーシャの「ゾウ頭」に隠された「かわいそうな事情」

「勘違い」が重なって首をなくした人気者の神

破壊の神シヴァと女神パールヴァティーのあいだに生まれた長男、それが**ガネーシャ**だ。あらゆる障害を除く神であり、知恵と学問の神でもある。インドでは、現世利益をもたらす富と繁栄の神様として絶大な人気を誇っている。

最大の特徴は、太鼓腹《たいこばら》の人間の体と片方の牙《きば》の折れたゾウの頭を持っていることだ。ゾウの頭は日本人には異様で滑稽《こっけい》に映るものの、同時に愛嬌《あいきょう》のある容姿ともいえる。

シヴァの短気が招いた事態も「災い転じて福となす」!?

ガネーシャは生まれたときからこんな姿であったわけではない。ゾウの頭になった理由については、いくつもの異なる神話がある。一般的な物語はこうだ。

パールヴァティーは夫のシヴァが留守のあいだに、自身の体の垢《あか》を集めて人形をつくった。そこに命を吹き込んで生まれたのがガネーシャだ。やがてパールヴァティーはガネーシャを自分の部屋の見張り番に命じた。そこにシヴァが帰宅。だが、ガネーシャはそれが自分の父であると気づかず、母の言いつけ通り不審者を追い返そうとしてしまう。

いっぽう、シヴァは妻の部屋の前に立っている見知らぬ青年に驚き、無礼な態度に怒った。そして、ガネーシャの首を斬り落とし、遠くへ投げ捨てたのだった。パールヴァティーは息子の死を嘆き、夫にガネーシャを蘇らせるよう迫った。シヴァはガネーシャの頭を探す旅に出たが、見つからなかったため、**ゾウの首を斬り落として持ち帰り、ガネーシャの頭として再生させた**ということだ。

ほかの伝承では、パールヴァティーが自分の過失でガネーシャの頭を燃やしてしまい、悲嘆にくれていたとき、創造の神ブラフマーが「手近なもので修復しよう」と提案し、ゾウの頭になったということだ。ガネーシャは悲惨な出自であるにもかかわらず、愛嬌のある外見と現世利益の神であることから人気を博している。「災い転じて福となす」とはこのことかもしれない。

5

猿神ハヌマーンの大冒険！「孫悟空」はここから生まれた！

勇敢な神の活躍は中国に伝わり、新しい物語を生み出す

風の神ヴァーユの息子で、「がい骨を持つ者」という意味の名前を授けられた**猿神ハヌマーン**。人間の体にサルの顔、長い尻尾を携《たずさ》えた容姿は、日本人なら誰しも親しみを覚えるのではないだろうか。

ハヌマーンは並み外れた俊敏さを誇り、変幻自在に体の大きさや姿を変えることができる。また、空を飛ぶこともできるのだ。

ヒンドゥー教の聖典となっている叙事詩『ラーマーヤナ』では、救済神ヴィシュヌの化身である英雄ラーマを助ける勇敢な戦士として、縦横無尽の活躍ぶりを見せてくれる。

とくに有名なのが次の救出劇だ。

『西遊記』、そして『ドラゴンボール』へ

あるとき、ラーマの妻シーターが鬼神ラーヴァナに拉致された。ラーマとともに救援に向かったハヌマーンは、シーターがランカー島に囚われていることを探り出す。ハヌマーンは海上を飛び、島へ渡ろうと試みる。と、そこに怪物スラサが現われ、ハヌマーンを呑み込もうとしたのだ。ハヌマーンは体を巨大化させ、スラサの顎《あご》が外れそうになるまでいったん口を広げさせてから、親指の大きさに体を縮め、スラサの頭がい骨のなかを駆け巡って倒した。

その後、ラーマとハヌマーンはランカー島に渡り、シーターを発見した。だが、シーターは空を飛べないので脱出は容易ではなかった。そこでハヌマーンは秘策をひねり出し、サルの軍団を呼び寄せて陸地まで橋を架けた。こうしてラーマとハヌマーンは力を合わせてシーターの救出に成功する。

このハヌマーンの冒険活劇は中国へ伝わり、孫悟空が活躍する『**西遊記**』が生まれたといわれている。その『西遊記』は日本にも伝わり、これをベースにした漫画『ドラゴンボール』が誕生した。これら「空飛ぶサル」の元祖がハヌマーンなのである。

6 女神パールヴァティーの「重すぎる愛」でトラブル勃発!?

愛しい「6人の子供」を強く抱きしめたとたんに……?

パールヴァティーは、「山の娘」を意味する名前だ。それもそのはず、パールヴァティーは、ヒマラヤ山脈の神ヒマヴァットの娘だったのである。

パールヴァティーはシヴァの妻であり、またガネーシャの母として有名だ。そのため、妻の顔と母の顔を併せ持っているが、インド神話においておもに母性神の役割を果たしているので、おのずと母性愛の強さを強調する逸話が多い。

じつはシヴァの最初の妻サティーは、シヴァの名誉のために焼身自殺している。パールヴァティーはサティーの生まれ変わりとしてシヴァの前に登場する。愛する妻を失って失意の底にいたシヴァの心を癒やし、2番目の妃となったのだ。

シヴァとサティーとのあいだには6人の子供がいた。パールヴァティーはその6人をとてもかわいがったという。

愛情深いがかなりそそっかしい母性神

パールヴァティーには、**誤って実子のガネーシャの頭を燃やしてしまうという、かなりそそっかしい側面**がある。次の逸話も、そんなパールヴァティーの性格を如実に物語っている。

あるとき、パールヴァティーは子供たちがかわいくて仕方なくなり、6人の子供たちを一度に強く抱きしめたという。そのせいで**子供たちは、体がひとつで頭だけは6つあるカールティケーヤ（別名スカンダ）になってしまった**のだ。うっかりにもほどがある。

パールヴァティーは自分がつくってしまったカールティケーヤを初めて見たとき、強い母性愛を覚えて自然と母乳が流れ出たという言い伝えもある。その後、カールティケーヤはガネーシャの弟として育てられ、やがて軍神として成長していく。

パールヴァティーは、大雑把《おおざっぱ》で粗忽《そこつ》でなんとも危なっかしい。でも、母としての愛情の深さが比類ないことは確かだ。

7

傍若無人な神インドラが受けた「痛すぎる罰」

おのれの力を過信しすぎて暴走する雷神

インドラは、人々を苦しめる凶暴な魔神や怪物と戦う雷神であり、軍神である。偶像上のインドラの身体的な特徴は、皮膚と頭髪が黄金色に輝いていることだ。右手には稲妻を象徴する金剛杵《こんごうしょ》を持っており、荒々しく描かれることが多い。

神話によれば、天空神の子としてインドラが生まれたとき、巨大なヘビの姿をした魔神ヴリトラによって人間は干ばつに苦しめられていたという。

人々の困窮の叫び声を耳にした、誕生したばかりのインドラは、父から稲妻を奪って立ち上がる。

そして彼は、ヴリトラの弱点を金剛杵で突いて倒した。これを機に雨が降り、**人々は干ばつから解放された**という。

神なのに睾丸を切り取られる！

このようにインドラは生まれたときから、雷を象徴する強力な英雄神であった。ところが、インドラはおのれの力を過信しすぎて暴走することもしばしばあったという。神々の手に負えない乱暴者の側面も持ちあわせていたのだ。

インドラにはシャチーという妻がいたにもかかわらず、夫がいる女性としばしば肉体関係を持ったといわれている。自身も相手も不倫ということになる。さらにアスラ神族の王の娘を強姦して強奪婚を行なったこともあった。そのため天界は戦乱になった。

これだけやりたい放題していたインドラだけに、罰を与えられることも多かった。妻を寝取られたある聖者は怒り狂い、インドラの睾丸《こうがん》を切り取ってしまったとも伝えられている。ほかの逸話では、妻を寝取られた聖者がインドラに呪いをかけ、インドラの性器を奪おうとしたこともあったという。

この話には後日談がある。のちにほかの神々によって、インドラには羊の睾丸が与えられたというのだ。これらの罰は、自らがまいた種。インドラの慢心が招いた悲劇といえよう。

8 父に見初められた美神サラスヴァティーの苦しみ

4本の手を持つ女神の「余計な苦労」が人類を生む

もともとは聖なる川の化身であったサラスヴァティー。「流れるもの」が転じて、やがて言葉や知識、音楽などの女神となったという。また、言葉の女神ヴァーチと同じ人物だともいわれている。

サラスヴァティーの偶像は、4本の手を持つ豊満で美しい女性だ。2本の手でヴィーナと呼ばれる琵琶《びわ》に似た楽器を持ち、残りの手に数珠《じゅず》と聖典を握っている。

もともとは創造の神ブラフマーが自らの体から生み出した娘であった。ところが、その娘があまりに美しかったため、ブラフマーはどの角度からも娘の顔が見えるよう、4つの顔を持つようになったということだ。

創造の神に求婚されたら、逃れられない

ブラフマーとサラスヴァティーをめぐる神話は、なまめかしい感情が渦巻くものだ。サラスヴァティーは、自身が父ブラフマーの性の対象になっていると感じ、天空に逃亡する。しかしブラフマーは天空を監視する5つ目の顔を得てサラスヴァティーを追い詰めていく。

やがて父の求婚から逃れることは無理だと悟ったサラスヴァティーは、妻になることを決意。こうしてサラスヴァティーは、近親相姦により最初の人間であるマヌを宿し、出産するのであった。**これが、インド神話における人類の創世記**だ。

それにしても父の欲望に振り回され、挙句《あげく》の果てに父に求婚されて近親相姦を許してしまう女神の運命に救済はあるのだろうか。そういう疑問がないわけではない。

ところが別の神話によれば、サラスヴァティーはもともと救済神ヴィシュヌの妻であったという。それがのちにブラフマーの妻になったということだ。ただしブラフマーとヴィシュヌは同一視されることもあるので、どちらの神の妻であろうが、神話世界の状況に大きな変化はなかったのかもしれない。

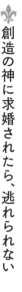

9 乳海攪拌神話——インドの天地創造はスケール壮大！

「霊薬」がもたらしたインドの世界

現在の世界ができるずいぶん前のこと。インド神話によれば、大海では「乳海攪拌」と呼ばれる状態が続き、乳海のなかから太陽や月、白いゾウやウマ、ウシなどが誕生したとされている。これこそがヒンドゥー教における天地創造神話だ。

その当時、天界では乱暴者のインドラら神々は、仙人ドゥルヴァーサスの呪いにより超常の力を失っていた。するとこの機に乗じてアスラ（阿修羅）が天界へ攻めてきた。しかし神々にはなすすべがない。そこで救済神ヴィシュヌや創造神ブラフマーら神々が集まり、対抗策を検討。ヴィシュヌは**不老不死の霊薬「アムリタ」をつくり、神々はそれを飲めばよい**と解決策を提示したのだった。

インドの神々は「アムリタ」を飲み、不死の命を得る

ヴィシュヌは「アムリタ」をつくるために、「神々とアスラとで協力して海を攪拌しよう」と提案し、賛成を得る。こうして神々はアスラと和睦し、海の攪拌を開始した。ヴィシュヌは大亀クールマに化身し、その背にマンダラ山を乗せて軸棒とした。それに大蛇ヴァースキを巻きつけ、神々はヴァースキの尾、アスラはその頭を持ち、引っ張り合うことで山を回転させ、海をかきまぜたのだ。

攪拌は1000年間続いた。その間、動物と植物は死に絶えて海中に流れ込み、海水は濁って乳海となった。やがてその乳海から太陽や月、ゾウやウシなどの動物が生まれ、女神たちが生まれた。そして最後に、天界の医学の神がアムリタの入った壺を持って出現したということだ。

だが、アスラがアムリタを独占しようとしたため、戦が勃発。機転を利かせたヴィシュヌが美女に変身してアスラを誘惑し、彼らが美女に見とれている間に、神々はアムリタを飲み干し、不老不死となった。こうして現在の世界が生まれ、**不老不死となった神々によって人間社会の平和が保たれるようになった**のである。

10 無敵の英雄神クリシュナの「意外すぎる弱点」

武勇伝は数知れず！　ヒーローのあっけない最期とは

クリシュナは、世界を維持し、修復する救済神ヴィシュヌの化身のひとつ。名前は「黒い者」という意味で、偶像では横笛を持つ美しい青年の姿で描かれることが多く、額には「U」の文字が刻まれている。

ドラゴンを素手で退治するほどの怪力と武勇を誇り、女性を魅了する美貌の持ち主でもあった。成人してからは1万6000人もの妻を満足させたというから、桁《けた》違いの絶倫でもあったようだ。

インド神話には、クリシュナの戦士としての無敵ぶりが描かれている。たとえば乱暴者の神インドラが大雨を降らせて牛飼いたちを苦しめたときには、山を持ち上げて自身の指に乗せ、牛飼いたちを大雨から守った。これに驚いたインドラは、クリシュナに詫《わ》びを入れたという。

また、悪事を繰り返すカンサ王がクリシュナを殺害しようと企て、魔族を刺客として放ったときには、見事に返り討ちにした。このように次から次へと悪鬼や暴君を打ち負かし、英雄視されるようになる。

猟師の「見間違い」が思いもよらぬ事態に

孤軍奮闘の活躍で無敵を誇ったクリシュナであったが、その最期はあまりにもあっけないものだった。

クリシュナはあるとき森のなかで瞑想していた。するとジャラという猟師がクリシュナをシカと見間違え、矢を放った。**矢は彼の唯一の弱点である左の踵《かかと》に刺さり、絶命する。**踵が急所だったとは、どんな強敵も想像だにしなかったのではないだろうか。

その後、クリシュナは光の道を昇り、天に帰っていったという。

クリシュナは、救済神ヴィシュヌの化身とはいえ、神話の中ではまるで独立したひとつの神であるかのように個性的で生き生きとしている。そこが多くの人に愛される理由なのだろう。

5章

エジプト神話

ナイル川が生み出す驚きの死生観

俗に「**エジプトはナイルの賜物《たまもの》**」と言われる。地図や衛星写真を見れば、それを実感できるはずだ。古来より大きな砂漠が広がるなか、ナイル川の流域のみが緑に覆われているからだ。

また、ナイル川は頻繁に氾濫《はんらん》してきたことでも有名だが、氾濫によって土地が豊かになり、農業が栄えていったことも見逃せない。

そのナイル川流域に定着したエジプト人がつくりあげたエジプト神話にも、**ナイルの面影が色濃く残っている**ことは注目に値するだろう。たとえば、**エジプトの神々のなかには動物の頭を持つものが多い**。太陽神ラーは鷹やハヤブサの頭をしていることでおなじみだ。

ほかにもネコの頭の女神バステト、イヌの頭のアヌビス、変わったところではカエルの頭のヘケトなどなど。これらはいずれもナイル川やその流域に生きる動物である。カバの頭をした女神タウエレトなどは、エジプト神話以外ではありえない姿ともいえる。

◉なぜミイラが生まれたか

エジプト神話は、**それが成立した年代**と、**ナイル流域のどこで成立したか**という場所の2つの側面で分けることができるが、その2側面をまとめて大別すると、「下エジプトで成立した神話」「大きなピラミッドがつくられたころの古王国時代」「分裂や統一などさまざまな勢力が入り乱れた中王国時代」「ヒクソスを撃退した新王国時代」という4つに分けることができそうだ。

そんなエジプト神話には、私たちが考えるような物語の形式で残っているエピソードは少ないが、代わりに**「死者の書」**と呼ばれる一群のテキストが特徴的だ。これは本来、神話というより、死んだ人が死後の世界で必要となる呪文として書かれたものだ。有名なミイラも、死後に聖霊が戻ってくる場所として肉体を保存するという目的でつくられたものだという。

エジプトの民は、**人間が死んでもその魂と聖霊は不滅である**と考えており、それに基づいたエピソードも多い。エジプト神話をひもとくときは、そんな死生観を念頭においておくと、より楽しめるだろう。

ヘリオポリス神話

最古の神話

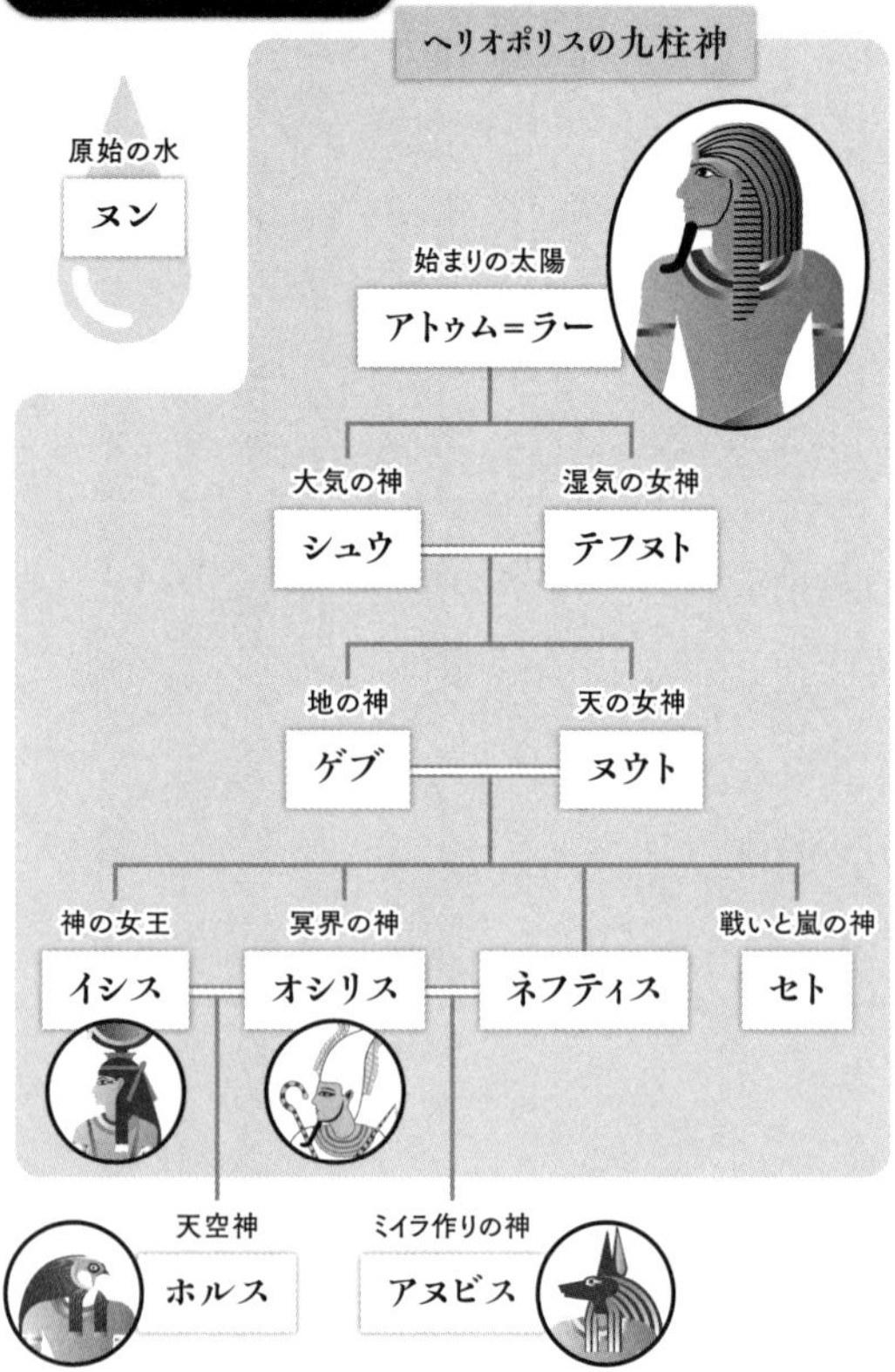

エジプト神話の系譜

メンフィス神話

メンフィスの街の守護神、プタハが創造主

プタハ ― ナウネト

ヌン

ヘルモポリス神話

ヘリオポリス神話を基礎とした
異なる神話体系

混沌（カオス）

原始の水
ヌン　ナウネト

無限の空間
フウ　ハウヘト

暗闇
クク　カウケト

隠されたもの
アメン　アマウネト

ヘルモポリス八柱神

↓

卵

↓

ラー・アトゥム

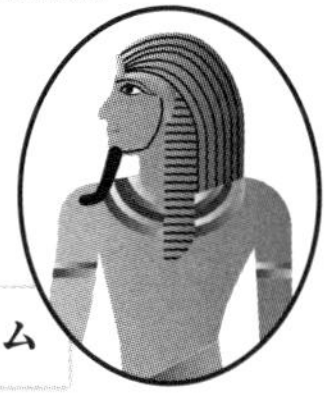

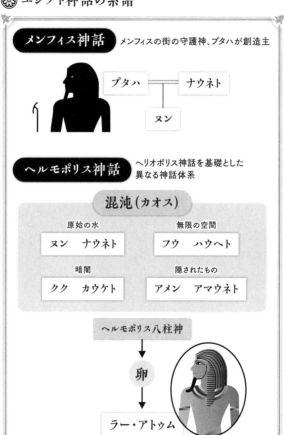

1 エジプトの頂点はこの神！ 最高神ラー

最初にすべてをつくった神はじつは人間くさかった

ハヤブサの頭を持ち、その上に太陽を象徴する円盤を乗せた姿で描かれる**ラー**は、**エジプトの神々の頂点に立つ最高神**だ。ラーとは「太陽」という意味で、その名の通り太陽神として崇められている。

ラーが最高神であることを物語る神話がある。ラーはあるとき、のちにヘリオポリス市となる丘の上に立ち、唾液を垂らした。するとそこから大気の神シュウと、湿気の女神テフヌトが生まれたということだ。次に、この両者のあいだに大地の神ゲブ、天空の女神ヌトが生まれた。さらにゲブとヌトのあいだに男神オシリスとセト、女神イシスとネフティスが誕生した。以上が、ヘリオポリス創世神話にかかわる**「9柱の神々」**だ。これらすべてがラーの生み出した神々である。

太陽、空、大気、地面の位置が決まった経緯

人類の誕生に関する神話もある。最初の子であるシュウとテフヌトが旅に出て帰宅が遅れたとき、ラーはずいぶん心配をした。ようやく2人が帰ってきたとき、ラーは涙を流して喜んだという。その涙から最初の人間が生まれたと伝えられている。

ラーは元来、太陽の象徴なので、活動は天体の動きと連動している。日が昇っている間の12時間は「昼の船」に乗って天空を東から西へ旅し、日が沈んでまた昇るまでの12時間は「夜の船」に乗って地底の川を西から東へと旅しているといわれている。

老いて権威が衰えてくると、ラーは人間が敵になると思い込むようになる。その挙句、地上の民に愛想をつかし、統治を放り出してしまう。このくだりは、たとえ最高神とはいえ、とても人間的な振る舞いといえよう。

ラーは地上の統治を他の神に譲り、天界へ昇ろうと試みた。そのとき、ラーの体を支えていた女神ヌトが高さのあまりめまいを覚えたので、大気の神シュウがその下に入って支えた。**このようにして、太陽、空、大気、地面の位置が決まった**といわれている。

2 豊穣の神オシリスを襲った凄惨な死と再生

のちに冥界の王となり、死者を裁いた

オシリスは、王冠をかぶり、殻竿《からざお》（脱穀に使う農具）と牧杖《ぼくじょう》（司教の杖）を手にし、上半身に包帯が巻かれた姿で描かれることが多い。殻竿はかつて農業の神であったことを示し、包帯に包まれた体は冥界を支配する神であることを表わしている。

神話によれば、オシリスは、父ゲブから地上のエジプトの王位を継承した。当時、地上の世界はすさんでいたため、オシリスは救世主として民衆から期待される。それに応えるように、オシリスは智恵の神トトの手助けを受けながら民衆に小麦の栽培やパン、ワインのつくり方を教えた。

また、法律をつくって広めた。美男子で人柄もよかったため、人々の絶大な支持を得たという。

一度は殺害されるも、復活を果たし返り咲く

こうしてオシリスは穀物の育成を司る農業の神、と同時にエジプト王として地上に君臨した。ところが、**これに嫉妬した弟セトがオシリスの殺害を企てる。**

オシリスはセトの謀略に落ち、棺《ひつぎ》に入れられてナイル川に流されてしまう。幸いなことに**妻のイシス**がその棺を回収してオシリスを蘇生させた。しかし再びセトの襲撃にあい、**オシリスの遺骸は14の断片に分割され、川にばらまかれてしまう。**神話とはいえ、ここはかなり残酷なシーンだ。

イシスはその遺骸をすべて拾い集め、ミイラの姿に復元する。これによりオシリスは再び再生を果たす。だが、セトに復讐する気はわいてこなかった。**地上の支配権を息子ホルスに譲り、自身は冥界にとどまって王となった**のだ。死者を裁く仕事を担い、正しい魂の者には死後も永遠の生を保証したという。

死を二度も経験し、そのたびに再生し、やがて冥界の王となったオシリス。農業の神としてだけではなく、死と再生を司る神として大衆から崇められ、古代エジプトの民の死生観に大きな影響を与えたといわれている。

3 天空神ホルスの王座を懸けた「絶対に譲れない戦い」

叔父との謀略を尽くした攻防

実弟セトに殺害され、冥界へ渡ったオシリス。母イシスに育てられた遺児ホルスは、のちにナイル流域の覇者となり、天空を司る神になる。

これから紹介する物語は、**ホルスがエジプト王になる前の奮闘ぶりを描いたものだ。**

少年になったホルスは、エジプトの神々に自分の王位継承を訴えた。**智恵の神トトはホルスの継承を正統とみなしたが、叔父セトはそれを認めようとしなかった。**

そこでセトはホルスとともにカバに姿を変えて河に潜り、「先に陸に上がった者が負け」とする戦いに挑む。するとイシスは息子を勝たせようとして、銅の釣り針を水中に投じ、セトに針を引っかけて陸へ引きずりあげようと企んだ。その針はセトに引っかかったものの、セトに「私とおまえは同じ母から生まれた仲ではないか」となだめられ、イシスは針を外してしまう。母の裏切りに腹を立てたホルスは、母の首をはねるという暴挙に及んだ。

最後は冥界からのひと声で決着

ホルスは神々から母殺害の罰を下され、セトがホルスの両目を奪って山中に埋めてしまう。だが、幸いなことに、愛と美の女神ハトホルがホルスの両目を治した。

神々はホルスとセトに仲直りを勧めた。2人は、一度は和解したように振る舞ったが、セトは得意の悪だくみでホルスを陥《おとしい》れようと考える。セトは「石の船をつくって競争しよう」と持ちかけ、ホルスは承諾した。

セトは石で船をつくった。いっぽうホルスは杉の木で船をつくり、外観を漆喰《しっくい》で覆った。競争が始まるとセトの船は水に沈んでいった。これで勝負がついたかと思えば、セトはカバに姿を変え、ホルスを水中へ引きずりこんで殺害しようとしたという。これに対抗し、ホルスは船の上からセトに向けて槍を突いた。

このような争いによっても決着がつかなかったため、トトが冥界のオシリスに相談。そして**ようやくホルスの王位承認が正統と認められた**のであった。

4

太陽神のもうひとつの顔「貧者の大臣」アメン

「弱き者の味方」は「最強の神」としてエジプトに君臨する

アメンという名は**「隠されたもの」**を意味する。その名の通り、もともとは目に見えない風を動かす力を持った大気の守護神であり、**古代エジプトの太陽神**であった。

そんなアメンは、地上では上エジプトのテーベを中心に国家を築き、地域の守護神として名を馳《は》せていく。神話によれば、アメンは「貧者の大臣」とも呼ばれていたという。

アメンが貧者だったのではなく、**民衆のあいだで正義が守られ、弱者や貧者が強者に虐《しいた》げられないよう監視する役割を担っていた**から、そう呼ばれるようになったという。つまり、弱き者や貧しき者の味方だったのだ。

最高神ラーと一体化し、「最古の神」に

アメンがテーベを中心に築いた国家は、最高神ラーが下エジプトのヘリオポリスに開いた古代エジプト王国と重なる部分があった。そのためアメンの国家は、エジプト王権と少なからず対立した。また、アメンとラーはともに太陽神であったことから、二神が両立することになった。

ところが、のちのエジプトの統一とともに、**アメンとラーは一体化され、「アメン・ラー」と呼ばれる存在になる。**最強の神どうしが合体したのだから、そのポテンシャルはすこぶる高い。アメン・ラーは古代エジプトの神々の主となり、もっとも古い神々の1柱となった。

なお、観光地として有名な「カルナック神殿」と「ルクソール神殿」はアメンのために建設された神殿として知られている。前者の神殿の壁画に、2枚の羽を冠した神として刻まれているのがアメンだ。

さらに角が渦を巻いた雄羊はアメンの化身と考えられており、両神殿にずらりと並ぶ羊頭のスフィンクス群はアメンを描いたものである。

5 神の子を身ごもった「古代エジプトの聖母」イシス

選ばれし女性に与えられた「魔法の力」とは？

イシスは、もともとはナイルの豊かな土壌をあらわす**豊穣の女神**だ。その名前は王座（現世の王権）を象徴しており、農業の神として崇められた夫オシリスや、息子ホルスの守護者であることを意味している。

そのオシリスは、先に紹介したように、彼の成功を嫉妬した弟セトの計略にひっかかり、残酷な殺され方をする（179ページ）。神話によれば、彼の遺骸は14の断片に分けられ、ばらばらに捨てられたという。

献身的な妻のイシスは、夫の断片を拾い集めた。性器だけは魚に食べられて見つからなかったものの、それ以外の全身をミイラの姿で復元することに成功する。そして、**処女のまま、神の子ホルスを身ごもる**。

「**イシスはオシリスの妻でありながら、じつは処女だった**」という設定の不可解さはさておき、この物語は**聖母マリアの処女懐胎**《かいたい》を彷彿《ほうふつ》とさせる。これによりイシスの神秘性はより深まったのではないだろうか。

首をはねられるもすぐ復活！

夫の体を復元したことからわかるように、イシスはときおり魔術のような力を発揮して命を再生させている。それは自身に対してもだ。

息子ホルスを裏切り、怒った彼に首をはねられた（181ページ）ときにも、すぐに復活して、ふたたび息子を見守ったとされている。命を再生させる能力を自身にも用いたということだ。あるいは、まれに見る母性の強さが、彼女を現世に呼び戻したと解釈すべきなのかもしれない。

この息子ホルスはのちにエジプト王として民衆から尊敬され、天空神として崇拝されるにいたった。

古代エジプト王の母にして聖母という地位は、イシスだけが手に入れた特別な勲章であり、王座だったといえよう。

6 殺戮の神が「穏やかなネコの女神バステト」に大変身!?

破壊を繰り返す女神から憎しみの心を取り去って生まれた「守り神」

古代エジプトの都市ブバスティスでは、**人間の体にネコの頭を持つ女神バステトが、市民を病気や悪霊から守護する女神として崇められていた**。だが、その前身は、最高神ラーが生み出した雌獅子の女神セクメトだった。こんな神話がそれを物語っている。

民衆が老いた自分を尊敬しなくなったことに腹を立てたラーは、**自らの左目をえぐり出してセクメトをつくり、人々を罰させた**。彼女は破壊と殺戮《さつりく》を繰り返し、人の血をすすって踊り回った。この行ないを見たオシリスらが父ラーを諫《いさ》めたため、ラーは我に返ってセクメトを止めようとした。しかし、セクメトは聞き入れない。

ラーはそんな怪物を生み出したことを悔い、セクメトから憎しみの心だけを取り去ることを決意する。

まず民を集めて7000杯のビールを作らせると、これに赤土を加えて生き血のような色にし、セクメトが通る場所にまかせた。すると、翌日、そこを訪れたセクメトは、このビールを生き血と勘違いして飲み干し、酔いつぶれてしまう。ラーはこの隙にセクメトから憎しみの心を消し去ったのである。**こうして生まれたのが女神バステトであった。**

バステトは家の守り神として信仰されるいっぽう、母性の象徴として妊娠中の女性を守る神ともされた。

ネコは古代エジプト人が初めて家畜化した動物。この神話は、民がネコを大切に扱っていたことを示している。

ラー

古代エジプトの神々のなかで、もっとも重要で力のある神。一般にハヤブサの頭で、太陽円盤を頂く男性で表現されるが、ほかの動物、太陽そのものや幼児などの姿もとる。ヘリオポリス神話での創造神で、太陽神、宇宙の神でもある。王権の創造者であり、最初の王とされたことから、歴代の王は自ら「ラーの息子」と称して王権を正統づけた。

ホルス

ホルスはハヤブサの姿を持つ、エジプト最古の神の一柱。オシリス神話ではオシリスとイシスの息子とされるが、ヘリオポリス神話ではラーの息子とされる。

ホルスの本来の役割は天空の主であり、太陽神と融合してラー＝ホルアクティとして崇拝されるようになった。その後ホルス信仰はエジプト国外にも広がり、ギリシャ人もホルスをギリシャ神話の太陽神アポロンと同一視していた。

イシス

イシスはヘリオポリス九柱神のひとつで、オシリスの妻であり、ホルスの母である。

頭に名前のヒエログリフを乗せて、古典的なエジプトの衣装をまとっていることが多い。

イシスはエジプト神話の神々のなかでもっとも強い呪力を持ち、女魔法使いとも呼ばれた。太陽神ラーでさえ、その力の前に弱点である真の名前を告げざるをえなかったという逸話が残る。

オシリス

オシリスはラー、ホルスと並ぶ重要な神である。人間、またはミイラとして描かれ、白い冠をかぶっていることが多い。皮膚の色は、白、黒、緑などで、それぞれがミイラの包帯の白、冥界とナイルの土の黒、植物の豊饒を示す緑であると思われる。

もともとの役割は豊饒を司る神で、ナイルの氾濫とも関わりがあったと思われるが、さまざまな土地の神の特徴を受け継ぐなかで、「冥界の王」として死と再生の象徴となった。

6章

オリエント神話

「世界最古の神話」と失われた文明

世界四大文明といえば、黄河文明、インダス文明、エジプト文明、そしてメソポタミア文明だが、その共通点は大河の流域で興《おこ》ったという事実だ。

メソポタミア文明も、チグリス川とユーフラテス川という2つの大河にはさまれた「肥沃な三日月地帯」に、紀元前3000年ごろには成立していたと見られる。その証拠のひとつが有名な楔形《くさびがた》文字で、文明の担い手はこの文字を粘土の石板に刻んで、数多くの神話を残したのだ。

ただ、話はそう単純ではない。はじめ、文明の担い手はシュメール人だったが、その後アッカド人の侵略を受け、さらにシュメール系の王朝が建ったりと、この地方の覇権はめまぐるしく変わっていくのだ。神話もそれを受けて複雑化し、同じ神の同じエピソードが、まったく異なる名前で語られていたりする。それぞれ別の遺跡から発掘された別々の言葉で刻まれた石板を解読してみると、ほぼ同じ内容が語られていた、ということも多い。

ただ、ざっくりと整理するならば、大きく**シュメール系の神話体系とアッカド系の神話体系**があり、**それぞれは別個ではなくかなりの部分、重複している**と考えておけばよいだろう。

いずれにせよ、楔形文字が世界最古の文字だから、それによって語られたオリエント神話も文字として残された**世界最古の神話**ということになる。

◉「ギルガメシュ叙事詩」の世界観と日本人

オリエント神話の原典は前述したように楔形文字が刻まれた石板だが、その数は現在発掘されただけでも何十万もある。

現在われわれが考えるような形の物語として読めるものはいくつかあるが、なかでも**「ギルガメシュ叙事詩」**はつとに有名だろう。

ギルガメシュ叙事詩は、ヨーロッパの「ローランの歌」やケルト神話の系譜である「アーサー王伝説」と並び世界的な英雄譚だが、その成立はほかの2つよりもずっと古く、紀元前1300~前1200年とされる。主人公であるウルクの王ギルガメシュが好敵手にして無二の親友となるエンキドゥとともにさまざまな冒険を繰り広げるのだが、その宗教色に薄く物語性の強い世界観は、日本文学に慣れ親しんだ人と意外なほど相性がよいようだ。

シュメール系神話の系譜

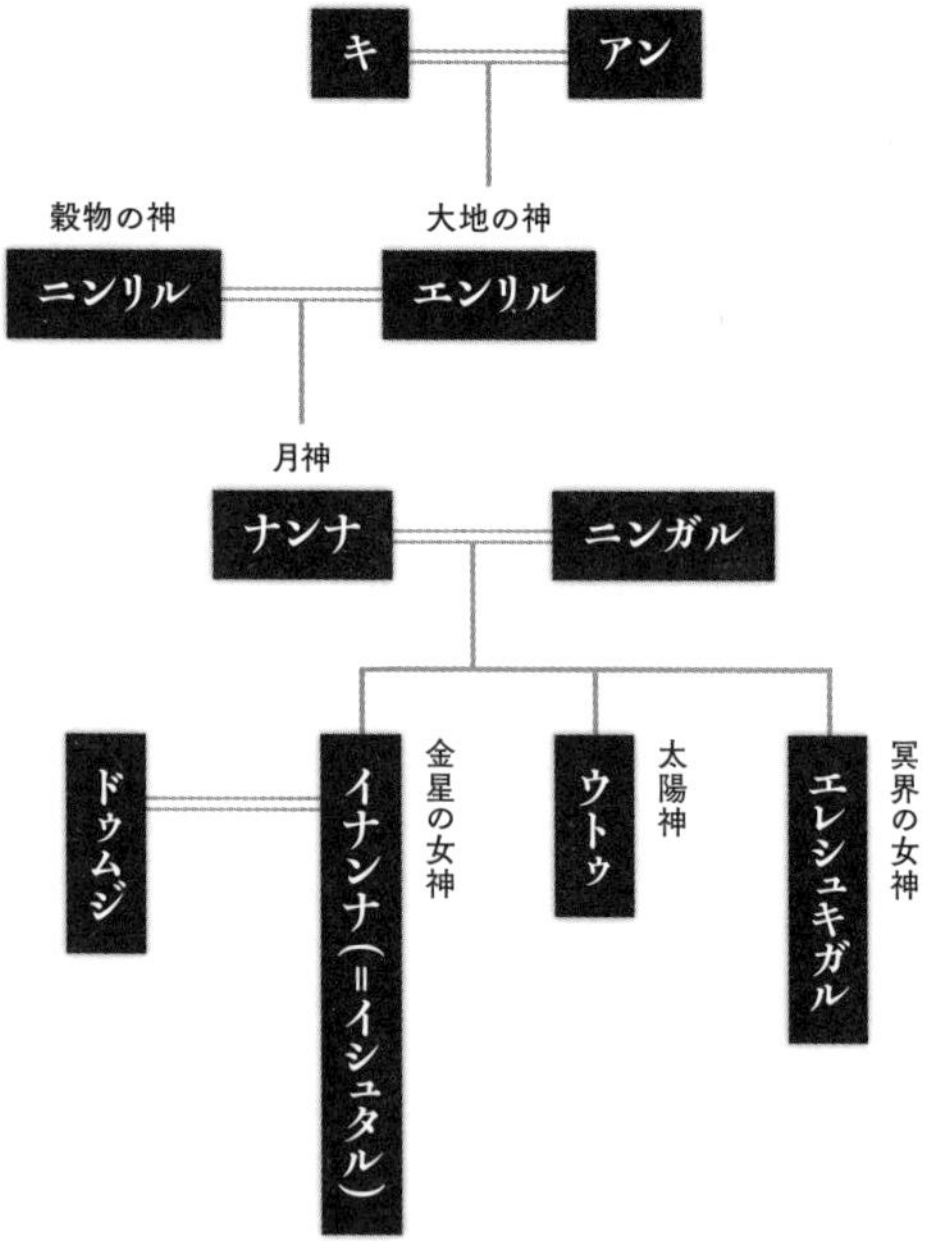

オリエント神話の中心は、シュメール及びアッカドで確立された神々の体系である。

オリエント神話の系譜

アッカド系神話の系譜

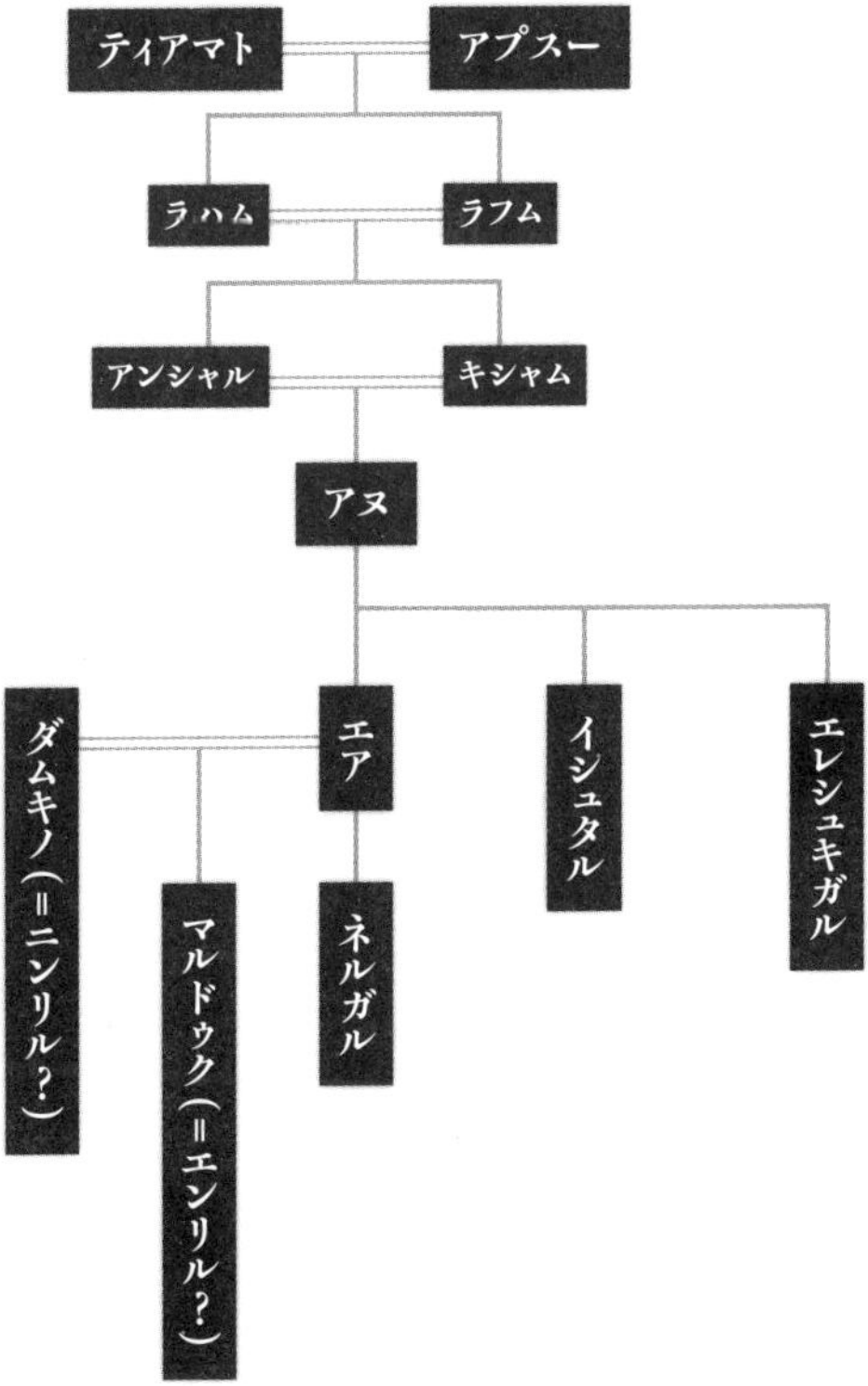

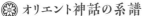

1
「ギルガメッシュ叙事詩」に描かれる愛と苦難の物語

半神半人の英雄の不死を求める旅

オリエント神話といえば、「ギルガメシュ叙事詩」である。**実在したとされる伝説的な王ギルガメシュの物語**で、主人公のギルガメシュは半神半人の身でありながら、若いころは圧倒的な腕力を無軌道に振り回す暴力的な王だったと伝えられる。叙事詩は、そんな若者が、さまざまな経験を経て円熟みを帯びた男となり、やがて運命をあるがままに受け入れる悟りの境地に入るまでを壮大なスケールで描く。

ここでは、彼が親友を失った直後に出た旅についてのエピソードを紹介しよう。

容貌を変えるほどの過酷な旅の果てに得たものは……

自らのある選択から（199ページ）、冒険をともにしてきた親友エンキドゥを失ったギルガメシュは、失意にくれる。若々しさは影をひそめ、人の死を極端に恐れるようになった。

そんなあるとき、生命の秘密を知り不死となったウトナピシュティムという男の存在を知ったギルガメシュは、**彼に会って永遠の命を得たい**と思うようになり、いてもたってもいられず彼を探して旅に出た。過酷な旅を続けた彼は、ようやくウトナピシュティムに会って話すことができるのだが、そのころには彼の若々しい容貌は苦渋に満ちた壮年のそれに変化していたという。

さて、ウトナピシュティムはギルガメシュの熱意に負けて不死の秘密を語るが、それは有名な「旧約聖書」のノアの方舟《はこぶね》に似た伝説だった。つまり彼は**ノアのように方舟をつくり、家族や動物を乗せて洪水を乗り越えることで神から不死を授かった**というのだ。その話を聞いたギルガメシュは、6日6晩、眠らずに過ごすという試練に挑戦するが、それは失敗に終わる。失意の彼にウトナピシュティムは「若返りの草」を持たせるが、ギルガメシュは帰途につくあいだにそれをなくしてしまうのだ……。

この体験から彼は、**運命をそのまま受け入れ、終わりある命を生きる**ことを決意する。望んだものが得られない冒険を経て、**英雄は人生の哲学者になった**のだ。

2

友を救ったエンキドゥに下された「重すぎる刑罰」

親友は、彼のために生まれ、彼のために罪を被った

「ギルガメシュ叙事詩」の主人公はもちろんギルガメシュだが、その前半はギルガメシュとともに旅をした**親友エンキドゥの物語でもある**。そもそもエンキドゥは、増長するいっぽうのギルガメシュをたしなめるために、女神アルルが粘土から創造した。その姿は熊のように毛むくじゃらで知性のかけらもなく、まさに野人という名にふさわしいものだったという。

彼がいかにしてギルガメシュの唯一無二の親友となったのか？　傍若無人なギルガメシュを変えた彼の最期とは？　ここではそこに焦点を当ててみよう。

もとは野人のようだったエンキドゥを人間に仕立てあげたのは、じつは「女の力」だった。いつもの水飲み場に現われた娼婦のあられもない姿に興奮した彼は、6日7

晩、彼女と交わり続ける。そして気づいたときには動物並みの肉体が衰え、代わりに人間並みの知性を得たのだ。

さて、そんなエンキドゥがウルクの街を訪れると、ギルガメシュが彼を待ち構えていて戦いとなった。その戦闘の中で自分は無敵ではないと悟ったギルガメシュは戦いをやめ、2人は無二の親友となる。そして2人は、「ギルガメシュ叙事詩」を彩る数々の冒険をするのである。

退治した怪物は「神の所有物」だった

ところが、運命のいたずらが2人を引き裂くことになってしまう。移り気な女神イシュタルの求愛を拒んだギルガメシュと彼の街ウルクは、怒った女神の放つ「天の牛」というモンスターに苦しめられる。そこに登場するのがエンキドゥだ。彼はその牛に唾《つば》を吐きかけて目潰《つぶ》しをし、ようやく殺すことに成功した。しかし神々の所有物である「天の牛」を殺した罰として、**神々はエンキドゥに死を与える**。はじめはその運命を呪っていた彼だったが、最期には運命を受け入れて静かに死を迎えた。

エンキドゥを失ったギルガメシュの嘆きの声は、国中に響き渡るほどだったという。

3
「女神のストリップショー」が新たなる戦いを巻き起こす!?
その奔放な女神の、残酷なほどの美しさが男を破滅させる

「ギルガメシュ叙事詩」にも登場する**女神イシュタル**を一言で形容するならば、ずばり「淫蕩」ということになるだろうか。**美と愛の女神**といえば聞こえがいいが、**ストレートにいえば性愛の女神**ということになる。ただ、古代においてセックスはいま以上に深く生命の神秘と結びついていただろうから、これ自体はさほど特異なものでもない。

見目麗《みめうるわ》しく男好きのする肉体を持っている、ということだけでは淫蕩には当たらない。イシュタルの存在が特異なのは、彼女がとんでもない男好きで、次々と男を誘惑しながら取っかえ引っかえし、挙句は**彼らの運命を破滅へと追い込む**という性質によるものだろう。ここでは、そんな彼女らしいエピソードのひとつを紹介しよう。

冥界の関門をくぐるために……!?

あるとき、彼女は姉にして冥界の女王エレシュキガルに会いに行くため、地下へと降りていった。

冥界への道の途中には7つの関門があるのだが、その7つの門にいる門番によって、イシュタルは王冠・イヤリング・ネックレス・ブローチ・腰帯・ブレスレットとアンクレット・腰布の順番に次々とはぎとられてしまう。最後には衣服も装身具も身につけないあられもない姿で地底にたどりついた。まさに**神話版のストリップショー**といえ、まさにイシュタルのイシュタルらしさをストレートに表現しているといえるだろう。

さて、姉のエレシュキガルは、彼女のその姿に嫉妬したのかどうかはよくわからないが、とにかく怒って冥界に監禁してしまう。

しかし、イシュタルがいないことで**地上界ではすべての生殖行為が停止**、それを見た神々が冥界から彼女を救い出そうと動きはじめた。結局、イシュタルの昔の愛人ドゥムジが人質として送り込まれ、ようやく彼女は地上へと戻るのだった。

4

神々の「大戦争」を率いた

竜の体をもつ女神ティアマト

夫を殺されて激怒した、海の女神の復讐

万物の母ティアマトは、海を司る女神である。ちなみに夫であるアプスーは淡水を司る神、さらに彼ら夫婦の執事であるムンムの3柱が、オリエント神話ではじめに登場する神々であった。

ティアマトから数えて曾孫《ひまご》となるアヌ（アン）が天の神、さらにその子エア（エンキ）が水の神としてオリエント全域で崇拝され、神話にもよく登場する、若く騒々しい神だ。今回は、ティアマトとそれら子孫である神々との物語を紹介しよう。

「天命の書板」を掲げ参戦

あまりにアヌとエアが騒ぐので、あるとき、ティアマトの夫アプスーが不眠症になってしまう。眠れないアプスーは困って執事ムンムに相談のうえ、彼らを倒して静かにさせようとする。

ところが、その計画を聞きつけたエアは殺されてはたまらないと、先回りしてアプスーを殺してしまう。これに猛烈に怒ったのが、それまではアヌとエアをかばうように立ち回っていたティアマトだった。彼女は、息子でありまた新たに夫となるキングという神に「天命の書板《しょばん》」というアイテムを授ける。この「天命の書板」は、一言でいうと主神権の象徴である。つまり彼女は**主神の座を譲ってまでしてアヌとエアを黙らせようとした**のだ。

「天命の書板」を譲り受けたキングとティアマトは、その絶大な力を使ってさまざまな怪物や神々の軍勢をつくりあげ、若き神々に差し向けたのだが、最終的に敗北し、「天命の書板」も奪われてしまった。

ところで、ティアマトは竜の体をしているという解釈もある。「大洪水を起こす竜」と呼ばれるほどだから、その巨大さのほどが知れよう。ただ、同時に水の姿もしているというから、やはり海そのものをイメージしたほうがよいのかもしれない。いずれにせよ、相当大きいということは間違いない。

5 「口から火を噴き、目は4つ」⁉ 神々の王の「まさかの姿」

異形の英雄神が古代バビロンの町をつくる

メソポタミア地方には、**「エヌマ・エリシュ」**という天地創造神話がある。**マルドゥク**はその神話のなかで戦士として登場し、その活躍からバビロニアの主神となった。マルドゥクがいかにして都市バビロンを中心としたバビロニアという国を形作り、主神となったか、その物語を追っていこう。

古き神を倒し、人間を誕生させたバビロニアの守護神

「エヌマ・エリシュ」によれば、すでにティアマトの項（202ページ）で触れた通り、神々の祖先はアプスーとティアマトである。ティアマトを悩ませたアヌとエアは、それぞれ3代目、4代目の孫だが、マルドゥクはエアの子にあたるので、祖神の5代目

の孫ということになる。

アプスーを殺されたことで猛烈に怒ったティアマトは、さまざまな怪物を集めて軍団をつくり、息子のキングがそれを指揮して、アヌとエアを中心とした若い神々に攻め入る。このとき、**キングの軍団を迎え撃つ大将だったのが、マルドゥクだった**のである。

マルドゥクは「ほかの神の2倍の力を持つ」と称されており、また自身もそう考えていた。そして期待通りにティアマトを退治しキングから「天命の書板」を奪う。つまり**勝利して神々の王の座についた**のである。

斬り殺されたティアマトの体から天地が生まれ、そしてメソポタミア文明にとって母なる川、チグリス川とユーフラテス川が生まれたという。その後、彼は川のほとりに街をつくり、それをバビロンと命名。さらに神々の下僕《げぼく》として人間をつくり出したといわれている。

ところで、メソポタミア神話に限らず神々は擬人化されることが多いが、マルドゥクはそもそもから今にいたるまで異形の神として描かれるのが特徴的だ。４つの目と耳を持ち、口からは火を噴いたという。

6 孤独な冥界の女王エレシュキガルの「最初で最後の恋」

死の帝国を治める女王のもとに現われた太陽神

淫蕩な女神イシュタルの姉であるエレシュキガルは、別名を「冥界の女王」「日没するところの女王」という。その名の通り、彼女が支配するのは地下にある不毛の地。植物も生えず動物もいない。食べ物は粘土のみ、飲み水も濁りきった泥水だ。

エレシュキガルは、そんな荒涼とした世界にひとりぼっちで暮らしている。また冥界から外に出ることも許されず、来客もめったにない。天上で頻繁に行なわれる神々の宴会にも出席がかなわないという、まったく疎外された状態で彼女は暮らしていた。

ところが、そんな彼女には**たった一度だけ燃え上がったラブストーリー**がある。

あるときエレシュキガルは、自分の使者に失礼な態度をとったとして、エアの子のネルガルという神を冥界に呼び出し、残酷にも殺そうとする。ネルガルは太陽神ともされるから、いわば太陽を地下に呼び込んでしまったようなものだ。ところが彼女、めったに神々と交流しなかったからなのかどうかはよくわからないが、そのネルガルに恋をする。そしてネルガルを離さず6日6晩のあいだ、交わり続ける。

しまいには彼女の性欲におそれをなしたネルガルが、ほうほうのていで天上へと逃げ帰ってしまった。

ラブストーリーの果てに……

話はこれでは終わらない。イシュタルであればそんな仕打ちをされたら怒り狂うところだが、姉のエレシュキガルは悲嘆にくれ涙を流し続けるのだった。そのけなげさまに心打たれたネルガルは、すったもんだの末、**最後には冥界に戻ってエレシュキガルの夫となった。**それとともに太陽神は「病気をもたらす神」となるのだが、これは真夏の太陽が与える災いを表してのものだ、とも言われている。

その後、神話では冥界の王の座は徐々にネルガルに引き継がれ、エレシュキガルはその妻という色合いが濃くなっていくのも、イシュタルと比較してつつましやかな感じがするのは気のせいだろうか。

7章

中国の神話

「人間」と「神」は
ここまで近しいものだったのか!?

さまざまな神話の掉尾《ちょうび》を飾るのは、これも四大文明の一角、中国の神話である。その天地創造のエピソードを紹介する前に、これまで紹介してきたどの神話とも異なる、中国神話の独自性に触れておきたい。

それは、**「中国神話においては、人間と神々とのあいだにあまり明確な線引きがない」**ということだ。これは、中国の神がギリシャのそれのように非常に人間的という意味ではない。

そうではなく、**歴史書などに登場する神々が、たとえば孔子、老子、「三国志」の関羽のような実在とされる人物とあまり隔てなく語られている**のだ。いま触れた孔子や老子、そして関羽なども、死後は神として崇められているということを考えても、あまりそこに違いを見出していないのかもしれない。

中国では、そもそも神や怨霊《おんりょう》が現世に何らかの超常的な影響を与えるという感覚自体が希薄なのかもしれない。それは、孔子が「論語」のなかで述べた**「鬼神を敬してこれを遠ざく」**（鬼や神といった存在を尊崇するが、あくまで人間の世界を超えた存在として扱い、2つの世界をいっしょくたには考えない）という言葉からも理解できる。

◉天と地とを分かった巨人の体から、大地が生まれる

さて、中国神話の天地創造は次のような物語である。

太古の宇宙は天地が分かれておらず、すべてのものが**渾然《こんぜん》一体の球体**だった。その卵のようなものから巨人の盤古《ばんこ》が誕生するが、はじめは球体のかたまりの中に閉ざされていた。ところが盤古が成長するにつれ、その巨体はさらに大きくなり、やがて彼の肩が天を押し上げ、彼の脚が地を押し下げるようになる。

こうして宇宙そのものに大と地が生まれていったという。

伝説では、盤古の身長が1日に1丈（諸説あるが、1丈＝1・8メートルという説が有力）伸びたので、誕生から1万8000年経ったころにはいまのような天地になったという。

こうして天地が分かれると盤古は死に、そのときに流した涙が長江や黄河となり、その手足は中国を取り囲む山々となり、左目が太陽に、右目は月となり、そして髪の毛が草や木となったのだ。

1 神話の時代を統べた伝説の8人の帝王

3人は神、5人は聖人の「三皇五帝」

神話時代の中国には伝説的な8人の帝王がいたとされている。最初の3人の帝王は三皇とも称され。そのあとの5人の帝王は五帝と称されている。この8人を併せて**三皇五帝**とも呼ぶ。

三皇の組み合わせについては諸説あるが、伏義《ふっき》、神農《しんのう》、女媧《じょか》というのが一般的だ。ただ、女媧の代りに、燧人《すいじん》や祝融《しゅくゆう》が入ることもある。五帝の組み合わせも諸説あるが、中国最古の歴史書である司馬遷の『史記』では、黄帝《こうてい》、顓頊《せんぎょく》、嚳《こく》、堯《ぎょう》、舜《しゅん》の5人としている。**三皇は神とみなされ**、**五帝は聖人とみなされている**が、8人とも理想的な君主として中国では長いあいだ信仰の対象となってきた。次にそれぞれの帝王の事跡を紹介していこう。

人身蛇尾、牛頭人身——異形の帝王たち

伏羲は、上半身は人の姿をしているが下半身は蛇身という異形の神である。この神は、易《えき》（八卦《はっけ》）や文字を発明し、結婚の制度を定め、人々に魚の獲り方を教えたとされている。また、家畜の飼育方法や食材の調理法、鉄の武器のつくり方なども人々に指導したという。つまり、**さまざまな文化を人々に与えた帝王**なのだ。

神農は、**人々に医療と農耕の術を教えたとされる神**である。その姿は、牛頭人身であったとも、胴体が透明で内臓が透けて見えたとも伝えられている。伏羲が亡くなったあと、この神農が人々を治めるようになったという。

女媧は、伏羲と同じく上半身は人間、下半身は蛇の姿をした神だ。伏羲とは兄妹の関係であると同時に、夫婦であったともされている。

一説には、**人類は女媧によってつくられたともいう**。あるとき、この女神が退屈しのぎに、泥をこねて人間をつくりはじめた。はじめのうちは丁寧に一つひとつつくっていたが、次第に飽きてきたため、あとのほうは縄で泥を跳ね上げた飛沫《ひまつ》で適当につくってしまった。その結果、人間には優秀な者と凡庸な者が入り混じるようになって

しまったともいわれる。

だが、人類の誕生については、次のような異なる伝承も残されている。はるか古代、大洪水が起こって人間は一度滅んでしまった。しかし、伏羲と女媧の兄妹だけが生き残り、この2人が新たな人類の始祖になったともいう。

怪物を倒し、呪術を駆使し、暦を作った5人の帝王

三皇の時代のあと、神農の子孫たちが中国を治めていたが、それに代わり帝王となったのが**黄帝**である。黄帝は、人々を苦しめていた怪物・蚩尤《しゆう》を討ったことで人望を集め、帝になったとされる。ちなみに、**黄帝は最初の人間の帝王**ともされ、夏《か》、殷《いん》、周《しゅう》、秦《しん》など、のちの中国の王朝の始祖たちは揃って黄帝の子孫であると称した。

黄帝の後を継いだのは、孫の**顓頊**だ。この帝王は、**鬼神を信奉し、祭祀を執り行なったと伝えられている**。呪術に優れていたのだろう。顓頊の次に帝王となったのは、黄帝の曾孫である**嚳**だ。嚳は、生まれたときから自分の名を言うことができ、極めて聡明だったとされる。また、帝王としても徳が高く、彼の治世下は世の中がよく治まっていたという。

4人目の帝王は、嚳の次男である**堯**だ。

彼は、天文を観察して**暦をつくらせた帝王**として知られる。その暦は一年を366日とする、現代の暦に近い非常に正確なものであったようだ。

堯には丹朱《たんしゅ》という息子がいたが、悪辣《あくらつ》な性格であったため、堯は後を継がせようとしなかった。代わりに黄帝の子孫ではあったが、権力とは無縁で暮らしていた舜の人格の素晴らしさを聞き及び、彼に帝位を禅譲した。

この舜が、治水工事に見事な手腕を見せた禹《う》に譲位し、その禹が夏王朝を創始したときから、**中国は神話の時代から歴史の時代へと移る**。

2 夫を裏切った妻に言い渡された「月への追放」

ひとりの身勝手な女神の物語

月の模様が餅をついているウサギに見えることから、昔から日本では月にウサギがすんでいると言い伝えられてきた。月の模様を動物に見立てるという文化は世界中にあるが、どの動物に見えるかというのは、ロバ、ワニ、ライオン、カニなど、地域によってかなり違いがあるようだ。

中国では、日本と同じようにウサギとみなすのが一般的である。しかし、それとは別に**ヒキガエル**とする伝承もある。それは、次のような伝説に基づいたものだ。

その昔、羿《げい》（后羿《こうげい》）という弓の名手の神と嫦娥《こうが》という仙女の夫婦がいた。2人は不老不死だったが、あるとき羿が10個の太陽のうち9個を射落としたことで天帝の怒りを買い、夫婦はともに不老不死の力を失ってしまう。

逃げた妻を想い、月を見上げる

そこで羿は崑崙山《こんろんさん》の西にすむという女神・西王母《せいおうぼ》のもとを訪ね、不老不死の霊薬を2人分もらってきた。これにより、羿と嫦娥は再び不老不死の力を取り戻せるはずだったが、欲に駆られて霊薬を独り占めにしたいと考えた嫦娥が薬を全部飲んでしまう。それから嫦娥は羿を置いて逃げたが、羿が天界まで追ってくることを恐れ、ひとまず月に身をひそめることにした。

ところが、**羿を裏切った罰によって嫦娥の体はヒキガエルになってしまい、それからずっと月で暮らすようになった**という。

月の表面に見えるヒキガエルは、この嫦娥の姿だとされている。また、以後、嫦娥は月の女神とみなされるようになった。

ちなみに、嫦娥に逃げられてしまった羿は、それでも妻のことを恋しく想い、月を見上げて供え物をした。これが、旧暦の8月15日に十五夜の月を鑑賞する中秋節《ちゆうしゆうせつ》の由来であるという。

3 悪神、四凶・四罪らが皇帝を苦しめる！

古代中国の悪の神たちによる「史上最初の反乱」とは？

中国の神話・伝承には、さまざまな悪神、魔物、怪物などが登場するが、そのなかでも代表的なものが**四凶**《しきょう》と呼ばれる存在だ。これは、渾沌《こんとん》、饕餮《とうてつ》、窮奇《きゅうき》、檮杌《とうこつ》の4体の悪神のことである。四凶は中国全土を荒らしまわり、多くの人々を苦しめたが、三皇五帝のひとり舜帝によってすべて討たれ、四方の辺境に流されたとされる。

歴史書『春秋左氏伝《しゅんじゅうさしでん》』によれば、**渾沌**は犬のような姿をしており、目はあるが見えず、耳もあるが聞こえないという。また、顔に目、鼻、耳、口がなく、脚が6本と6枚の翼が生えた姿をしていたともいう。

饕餮は、牛や羊のような体をしており、曲がった角、虎の牙、人の爪、人の顔を持つという。「饕《とう》」は財産を貪るという意味で、「餮《てつ》」は食物を貪るという意味だ。その名が示すように、何でも貪り喰らう恐ろしい怪物だとされている。ただ、のちの中国では、「魔」も喰らってくれるという連想から、魔除けのシンボルともなった。

窮奇は、邽山《けいざん》という山にすんでおり、牛の体にハリネズミのような鋭い毛が生えた姿をしているという。あるいは、翼の生えた虎の姿をしているともいう。鳴き声は犬のようで、人間を頭から食べてしまうとされる。また、人間の言葉を理解し、人が喧《けん》嘩《か》していると現われるという。そして、正しいことを言っているほうを食べ、誠実な人がいるとその人の鼻を食べてしまうが、悪人には野獣を捕まえてきて贈るとされる。

檮杌は、顔は人間だが体は虎で、猪のような長い牙と長い尻尾を持っているという。傲慢で頑固な性格をしており、常に天下の平和を乱そうと考え、好き勝手に暴れまわっている。別名を「難訓《なんくん》(教え難い)」ともいう。

天下を大いに乱した四罪

時代によっては四凶と混同されることもあるが、それとは別に中国の神話・伝承には**四罪**《しざい》と呼ばれる悪神たちもいる。それは、共工《きょうこう》、驩兜《かんとう》、三苗《さんびょう》、鯀《こん》の4体だ。

共工は人面蛇身の姿をしており、洪水を起こして人々を苦しめたという。また、9

つの人間の頭を持つ大蛇の姿をした相柳《そうりゅう》という家臣とともに天下を握ろうと乱を起こしたとも伝えられている。

驩兜は、どのような悪神であるかはっきりしないところもあるが、一説には三皇五帝のひとり堯帝の息子である丹朱のことだともいう。丹朱は父に疎《うと》まれ、帝位を継げないことを恨んで乱を起こしたとされる。そして、その乱に敗れたあと、南方に逃れ、讙頭国《かんとうこく》という国を建てた。この国の人民は体に羽根が生え、口には鳥のくちばしがあったとされている。

三苗は、この驩兜とともに堯帝に対して乱を企てたと伝えられている悪神だ。乱に敗れると、こちらも南方に落ち延び、三苗国を建てた。この国の人々は脇の下から翼が生えているとされる。

鯀は、三皇五帝のひとりである顓頊の子であるという。そのような血筋でありながら、臣下の立場に置かれ続けたことに不満を抱き、乱を起こしたとされる。あるいは、帝王から命じられた治水工事に失敗したことで、四罪のひとりに数えられるようになったともいう。ただ、この鯀の息子が、のちに夏王朝を建てる禹だ。

五帝と四罪

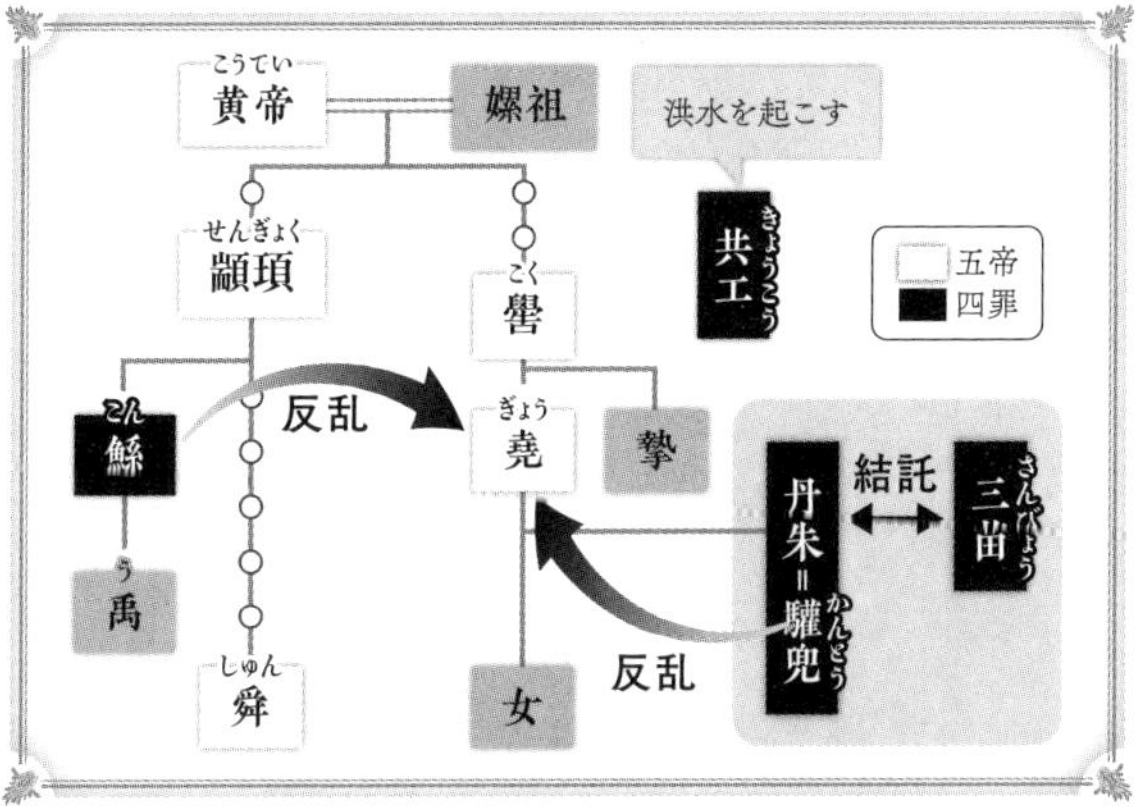

銅の頭に鉄の額を持つ悪神

もう1体、中国の神話・伝承のなかで大きな位置を占める悪神がいる。それは、蚩《し》尤《ゆう》だ。

蚩尤は三皇五帝のひとりである神農の子孫だったが、獣身で銅の頭に鉄の額を持っていたという。あるいは、4つの目と6本の腕を持ち、頭からは角が生えていたともいわれる。性格は凶暴であり、神通力を駆使し、同じ姿をした兄弟が81人もいたとされる。

黄帝の時代に怪物たちを率いて乱を起こしたが、鎮圧された。**これは、中国の歴史上最初の「反乱」とされている。**

4

おなじみ「七夕伝説」の真の物語

子に恵まれた幸せな夫婦を引き裂いた「女帝の怒り」

7月7日に願い事を書いた短冊を笹竹に飾る七夕は、日本中で見られる季節行事だ。しかし、この風習は中国から来たものであり、次のような伝説に由来している。

その昔、仙女の織姫《おりひめ》は、天の川の東岸で一日中「天衣《てんい》」を織って暮らしていた。そんなある日のこと、地上に降りて水浴をしていると、人間の牛飼いである牽牛郎《けんぎゅうろう》に着ていた羽衣を盗まれてしまう。織姫は祖母で天の女帝である王母娘娘《おうぼにゃんにゃん》（西王母）から「人間の男と恋をしてはいけない」と命じられていたが、羽衣がないと天界に帰れないため、地上で牽牛郎の妻となった。

その後、2人のあいだにはひとりの男の子とひとりの女の子が産まれ、夫婦は仲睦まじく暮らしていた。だが、その幸福な生活も長くは続かなかった。地上で孫娘が人間と結ばれていることを知った王母娘娘が、織姫を無理やり天に連れ戻してしまったのだ。

年に一度だけ再会できる

突然、妻がいなくなり牽牛郎が嘆き悲しんでいると、飼っていた牛が**「私が死んだあと、その皮で作った靴を履けば天界に上ることができる」**と教えてくれた。やがて、その牛が死んだので、牽牛郎は言われた通りに牛の皮で作った靴を履き、天界に上って織姫を探した。

織姫は掟を破った罰として王母娘娘に天の牢獄に閉じ込められていたが、牽牛郎は苦労の末、ようやく彼女のもとにたどり着く。ところが、その瞬間、王母娘娘が頭につけた金簪《きんかん》を抜いて一振りすると天の川に大波が起こり、**織姫と牽牛郎は両岸に分け隔てられてしまった。**夫婦は再会を果たせなかったのである。

ただ、のちに王母娘娘は2人を哀れに思い、毎年7月7日だけカササギに天の川に橋を架けさせ、夫婦が会うことを許した。これが、日本人なら誰でも知っている七夕の行事のもととなったのだ。

5 ぼんやりしていたら数百年が経過!? 中国版「浦島太郎」

何かに夢中になっているうちに、異界に迷い込むことはよくある……?

少しのあいだ異界に行っていたら、地上では数百年過ぎていたという話が、世界中の神話・伝説のなかにある。ケルト神話ではオシーンの逸話(132ページ)がその典型だし、日本にも『浦島太郎』の昔話が存在する。中国の神話・伝説のなかにも同様の話がある。それは、「爛柯《らんか》」と呼ばれるものだ。

3世紀ごろの晋《しん》の時代、現在の浙江省《せっこう》のあたりに王質《おうしつ》という木こりがいた。ある日、王質が山に入ると、石の洞窟のなかで数人の童子《どうじ》が歌いながら碁を打っていた。興味を惹《ひ》かれた王質が、手にしていた斧《おの》にもたれかかりながら見物していると、童子のひとりがナツメの種のようなものをくれた。それを食べながら、しばらく眺めていると、童子が「いつまで、ここにいるつもりなの?」と声をかけてきた。我に返った王質は立ち去ろうとしたが、**もたれかかっていた斧の柄はすっかり腐ってしまっていた。**

その後、王質が山を下りて里に戻ると、知っている人は誰ひとりいなくなっていたという。

「柄が腐る」という言葉が囲碁の別称に

「爛」とは「腐る」という意味、「柯」は斧などの柄のことである。この故事から、「爛柯」は囲碁の別称ともなった。

「爛柯」の伝説には別のバリエーションもあり、そちらでは王質が2人の仙人が碁を打っているのを見て夢中になってしまい、碁が終わると斧の柄が腐っていたとされる。家に帰ると、数百年経っていたというのは同じだ。のちに、王質は仙人たちが碁を打っていた山に再び赴き、自身も仙人になったともいう。

また、似た話としては、馬に乗って山中の洞窟の前を通りかかった男が2人の老人が博打《ばくち》をしているのに見とれてしまった。そして、気がついたら鞭《むち》は腐っており、馬は白骨化していたというものもある。

6 人の生死を司る！のんきな老人・北斗七星と南斗六星

死を予言された少年が、藁をもすがる思いで頼った老人たちの正体とは⁉

道教では**北斗七星と南斗六星を神格化**し、それぞれ北斗《ほくと》星君《せいくん》、南斗《なんと》星君《せいくん》と呼んで信仰している。そして、前者は透き通った衣を着た醜い老人で「死」を司るとし、後者は炎のように燃え上がる衣を着た醜い老人で「生」を司っているとしている。ただ、南斗星君の容姿については、美しい青年だという言い伝えもある。

人間の生死を握っているこの2体の神には、次のような伝説が残されている。

あるとき、ひとりの少年が管輅《かんろ》という博識の人物から、**「君は20歳になる前に死ぬだろう」**と告げられた。これを聞いた少年とその父親は青ざめ、管輅に寿命を延ばす方法を教えてくれと懇願。それに対して管輅は、「麦畑の横にある桑の木のところに、酒と干し肉を持って行きなさい。そこで、2人の男が碁を打っているので、黙って酒を注いだり、肉を差し出したりしなさい。そのあいだ、絶対に口をきいてはいけません。そうすればなんとかなるかもしれない」と助言を与えた。

「寿命の台帳」を書き換える

早速、少年が酒と干し肉を持って桑の木まで行くと、確かに2人の男が碁を打っている。そこで管輅に言われた通り、黙って給仕をした。

ようやく碁の勝負に決着がつくと、北側に座っていた男が碁盤から顔を上げ、そこで初めて少年が給仕をしていたことに気づいた。男は「なんでおまえはそんなところにいるのだ」と声を荒らげたが、少年は口を閉ざしたまま、何も答えなかった。

すると、南側に座っていた男が「酒と干し肉をご馳走になったのだから、礼をしなければいけない」と言い出し、北側の男から台帳を受け取った。そこには、少年の名と寿命が記されており、寿命は「19歳前後」とあったが、南側の男が筆を取り、それを「90歳」に書き換えてくれた。

北側の男が北斗星君、南側の男が南斗星君だったのである。少年はその後長生きしたという。

【参考文献】

『世界の神話百科 ギリシャ・ローマ／ケルト／北欧 ヴィジュアル版』アーサー・コットレル著、松村一男、蔵持不三也、米原まり子訳（原書房）
『ラルース世界の神々・神話百科 ヴィジュアル版』フェルナン・コント著、蔵持不三也訳（原書房）
『世界の神話』沖田瑞穂（岩波書店）
『北欧神話』パードリック・コラム著、尾崎義訳（岩波書店）
『妖精事典』キャサリン・ブリッグズ編著、平野敬一、井村君江、古田新一、三宅忠明訳（富山房）
『ギルガメシュ叙事詩』矢島文夫訳（筑摩書房）
『エジプト神話集成』杉勇、屋形禎亮訳（筑摩書房）
『中国の神話』白川静（中央公論新社）
『世界の神々の事典 神・精霊・英雄の神話と伝説』松村一男（学習研究社）
『図解 北欧神話（F-Files No.010）』池上良太（新紀元社）
『図解 ケルト神話（F-Files No.044）』池上良太（新紀元社）

本書は、本文庫のために書き下ろされたものです。

時間《じかん》を忘《わす》れるほど面白《おもしろ》い「世界《せかい》の神話《しんわ》」

著者　博学面白倶楽部（はくがくおもしろくらぶ）
発行者　押鐘太陽
発行所　株式会社三笠書房
〒102-0072 東京都千代田区飯田橋3-3-1
電話　03-5226-5734（営業部）03-5226-5731（編集部）
http://www.mikasashobo.co.jp
印刷　誠宏印刷
製本　ナショナル製本

 ISBN978-4-8379-6918-1 C0130

王様文庫

王様文庫

眠れないほど面白い空海の生涯

由良弥生

驚きと感動の物語！「空海の人生に、なぜこんなにも惹かれるのか」――。弘法大師の野望と愛欲、多彩な才能。仏教と密教。そして神と仏。高野山開創に込めた願い。知れば知るほどすごい、1200年前の巨人の日常が甦る！ 壮大なスケールで描く超大作。

眠れないほどおもしろい「日本の仏さま」

並木伸一郎

仏の世界は、摩訶不思議！ ◆人はなぜ「秘仏」に惹かれるのか ◆霊能力がついてしまう「真言」とは？ ◆なぜ菩薩は、如来と違ってオシャレなのか……etc. 空海、日蓮、役行者など仏教界のスター列伝から仏像の種類、真言まで、仏教が驚くほどわかるようになる本。

眠れないほどおもしろい「古代史」の謎

並木伸一郎

なぜ、その「史実」は封印されたのか？ 古代史に残された「大いなるミステリー」に迫る本！ 天孫降臨、卑弥呼、箸墓古墳、古史古伝、仁徳天皇陵、神代文字……「神話」と「歴史」がリンクする瞬間とは――！ 読み始めたらやめられない、知的でスリリングなおもしろさ！

K30504

眠れないほどおもしろい万葉集

板野博行

ページをひらいた瞬間「万葉ロマン」の世界が広がる一冊！ ○『万葉集』の巻頭を飾るのはナンパの歌!? ○ミステリアス美女・額田王の大傑作は「いざ出陣、エイエイオー！」の歌 ○中臣鎌足の〝ドヤ顔〟が思い浮かぶ歌……あの歌に込められた〝驚きのエピソード〟とは!?

世界史ミステリー

博学面白倶楽部

歴史にはこんなに〝裏〟がある。だから、面白い！●いったい誰が書いたのか!? マルコ・ポーロの『東方見聞録』●タイタニック沈没にまつわる「浮かばれない噂」●リンカーン暗殺を指示した〝裏切り者〟とは?……浮かび上がる〝謎〟と〝闇〟！

日本史ミステリー

博学面白倶楽部

「あの大事件・人物」の謎、奇跡、伝説――「まさか」があるから、歴史は面白い！●最後の勘定奉行に疑惑あり！「徳川埋蔵金」のゆくえ●今なお続く奇習が伝える、平家の落人の秘密●あの武将も、あの政略結婚も〝替え玉〟だった……衝撃と驚愕が迫る！

K30505

王様文庫

世界遺産ミステリー

博学面白倶楽部

ナスカの地上絵、万里の長城、古都アユタヤ、ヴェルサイユ宮殿、フィレンツェ歴史地区、イースター島のモアイ像……「聞いていた話」と、こんなにも違う！　数百年、数千年間、遺されてきたのには理由がある。ガイドブックには出てこない、知られざるストーリー！

「日本の遺産」ミステリー

博学面白倶楽部

仁徳天皇陵古墳の埋葬者、法隆寺の謎の柱、四国お遍路を逆回りに巡ると……先人たちが残し、守ってきた文化遺産、自然遺産。誰もが一度は目にした「日本の遺産」それぞれに秘められた表の顔と裏の顔の謎を読み解くと、もう一つの歴史が浮かび上がってくる！

古代文明ミステリー

博学面白倶楽部

知られざる「ドラマ」、失われた「技術」、信じられない「習慣」――世界は謎とロマンにあふれている！　◎始皇帝陵を守る兵馬俑はなぜすべて東向き？　◎マヤ文明の運命を決定づけた「終末論」　◎神の怒りを買って沈められた伝説の島……〝人類の起源〟がここに！

K30506